Georg Andreas Sorge

Compendium harmonicum

Kurzer Begrif der Lehre von der Harmonie

Georg Andreas Sorge

Compendium harmonicum
Kurzer Begrif der Lehre von der Harmonie

ISBN/EAN: 9783743468641

Hergestellt in Europa, USA, Kanada, Australien, Japan

Cover: Foto ©Thomas Meinert / pixelio.de

Weitere Bücher finden Sie auf **www.hansebooks.com**

Compendium harmonicum,

oder

Kurzer Begrif
der Lehre
von der

Harmonie,

vor diejenigen,

welche

den Generalbaß und die Composition
studiren,

in der Ordnung

welche die Natur des Klangs an die Hand giebt,

verfasset

von

Georg Andreas Sorge,

Hochgräfl. Reuß-Plauischen Hof- und Stadtorganisten zu Lobenstein.

Mit 24. Kupfertafeln.

Lobenstein, im Verlag des Verfassers,
und in Commißion in Hof bey Herrn Postsecretair Ludwig.

Dem
Durchlauchtigsten Fürsten und Herrn,
Herrn

Fürsten zu Stollberg, Grafen zu Königstein, Rochefort,
Wernigerode und Hohenstein, Herrn zu Eppstein, Münzenberg,
Breuberg, Agimont, Lohra und Klettenberg ꝛc. ꝛc.

Sr. Kayserl. Majestät und des Heil. Röm. Reichs General-
Feld-Marechal-Lieutenant; Commandirenden General-Feld-
Wachtmeister derer sämtlichen Trouppen Eines Löblichen Ober-
Rheinischen Creyses, Generalmajor und Obristen eines
Regiments zu Fuß, in Diensten derer Herren General-
Staaten derer vereinigten Nieder-Landen ꝛc.

Meinem gnädigsten Fürsten
und Herrn.

Durchlauchtigster Fürst,
Gnädigster Fürst und Herr!

Ew. Hochfürstl. Durchlaucht geruhen gnädigst zu erlauben, höchst Deroselben gegenwärtigen kurzen Begrif der Lehre von der Harmonie zu Dero Füssen niederzulegen. Fürsten verschmähen sonst nicht leicht ein Opfer von solchen Dingen, die Sie lieben. Solches kan man von Ew. Hochfürstl. Durchl. rühmen, und es bezeugets auch Dero gnädigste Aufmerksamkeit bey dem Cammerconcert an hiesigem Hochgräfl. Hofe. Dieser glückliche Umstand läst mich an einem gnädigsten Blicke auf dieses harmonische Opfer, welches in tiefster Ehrfurcht überbringe, nicht zweifeln.

)(3   Mein

Mein unterthänigster Wunsch dabey ist dieser, daß GOtt der Ursprung aller Harmonie die hohe Person Ew. Hochfürstl. Durchlaucht wie bishero also auch ins künftige als ein gesegnetes Werkzeug zu baldiger Auflösung der entstandenen harten Dissonanz in der Harmonie des Deutschen Staatscörpers gebrauchen, und Dero hohes Commando mit unverwelklichen Zweigen der Ehre und des Ruhms bekrönen wolle!

Unter Dero hohem Schutze, unter welchen mich hiermit in tiefster Devotion begebe, werde wider die Pfeile meines Gegners, gegen welchen mich in diesem Buche, zwar nicht wie Ew. Hochfürstl. Durchlaucht gegen Dero Feinde pflegen, mit Canonen und andern Waffen, sondern nur mit der Feder und Noten vertheidige, genugsam gesichert seyn, welchen mir in tiefster Ehrfurcht demüthigst erbitte, als

Durchlauchtigster Fürst,
Gnädigster Fürst und Herr,
Ew. Hochfürstl. Durchlaucht

Lobenstein,
den 21. März, 1760.

unterthänigst-gehorsamster Diener
Georg Andreas Sorge.

Vorrede.

Die Natur ist ohnstreitig die beste Lehrmeisterin aller Künste. Wer auf ihren Wink Achtung giebt, und ihrem Gesetze folgt, der wird nicht leicht in Irrthum gerathen, wenn er anders mit Kräften einer gesunden Vernunft begabt ist. In Absicht auf die Harmonie lehret sie uns die schönste Ordnung in denen harmonischen Verhältnissen, welche in den Zahlen 1:2:3:4:5:6:7 und folgenden stecken. Da lehret sie den Bau der Harmonie, indem sie von dem vollkommensten Intervall der Octav immer zu kleinern und weniger vollkommenern fortschreitet, zwar drey Terzen in 4:5:6:7 nach einander liefert, und mit der dritten 6:7 so gleich Anleitung zur Temperatur und Fortschreitung von einer Harmonie zur andern giebt, denn die dritte ist etwas zu tief, keinesweges aber giebt sie viere, fünffe oder gar sechse.

Mit 4:5:6:7 und 10:12:15:18 lehret sie uns den harten und weichen Septimenaccord, und durch dreymahlige Versetzung desselben drey andere von ihm ohne Widerrede ganz natürlich abstammende Sätze.

Wer aber diesen Lauf der Natur, da sie über sich, nicht unter sich bauet, vorwerts, nicht rückwerts gehet, umkehren und sagen wolte: Daß man unter drey Terzen, die sie mit 4:5:6:7
giebt

Vorrede.

giebt, noch eine, zwey ja drey abwerts bauen müsse, der würde den Lauf der Natur umkehren, und es wäre eben so ungereimt, als wenn man sagen wolte: Von Adam stammen alle Menschen her, aber vor ihm sind auch Menschen gewesen, die von ihm herstammen.

In diesen harmonischen Irrthum ist Mr. Rameau, ein berühmter Tonkünstler in Frankreich, verfallen; und unter den Deutschen hat er vornehmlich den Herrn Marpurg in Berlin verführet, welcher diesen Irrthum in Deutschland nicht nur ausbreitet, sondern auch noch vermehret, wie aus dessen Handbuche zu ersehen.

Da nun an richtigen Gründen in jeder Wissenschaft viel gelegen, sollen anders ihre Liebhaber nicht verwirret, und auf unnatürliche und verkehrte Wege geführet werden, so will nöthig seyn, die entdeckte Unrichtigkeit anzuzeigen, vor dem Irrwege zu warnen, und die rechte Spur, welche die Natur selbst an die Hand giebt, zu zeigen, und dieses zu keinem andern Ende, als daß die schönen Wissenschaften je mehr und mehr in Flor kommen, und dadurch die Ehre GOttes, und das Wohlseyn und Wohlgefallen der Menschen befördert werde; denn in wissenschaftlichen Dingen muß man der Wahrheit nicht schonen.

Daß das vorgegebene Unterschieben der Terzen unter den Septimenaccord unnatürlich, bodenloß, und dem wahren Fundament der Harmonie entgegen sey, kan man deutlich aus folgender Vorstellung sehen, in welcher die Quintharmonie der Tonart C dur in ihren natürlichen Verhältnissen mit der Grundharmonie derselben vermischet wird. Die None im ersten Satze kriechet nicht unter den Septimenaccord, sondern ist über denselben nach Anleitung der Ordnung der Natur hinauf gestiegen, und durch Vermischung mit der Grundharmonie wird aus dieser None eine gebundene Terzdecime oder dissonirende Sext, aus der

Septime

Vorrede.

Septime wird eine Decime oder gebundene Quart, aus der Quint eine gebundene None, und aus der Terz eine über sich auflösende Septime:

```
27  : 27   : 24   a⌒a   g
21⅓ : 21⅓  : 20   f⌒f   e
18  : 18   : 20   d⌒d   e
15  : 15   : 16   h⌒h   c
12  : 12   -      g  g  -
 9  :  8   -      d  c  -
 6  :  6   -      g  g  -
 3  :  4   -      G  c  -
```

Die Terzdecime und Undecime lösen unter sich, die None und Septime aber über sich in den nechsten Grad auf.

Hier ist von keinem Unterschieben oder Untersetzen, sondern von einer Vermischung zweyerley Harmonien, da jede so viel Stimmen haben muß als die andere, zu gedenken, wie solches in gegenwärtiger Abhandlung weitläuftiger und überzeugend ausgeführet ist.

Diesemnach ist die Septime nur der Ursprung der dissonirenden Quinten mit der Sext, der dissonirenden Terzen mit der Quart, und der dissonirenden Grundtöne mit der Secund, welche Sätze man im Generalbaß also bezeichnet: ⁶⁄₅, ⁴⁄₃, 2 oder 4, keinesweges aber der gebundenen Quarte, gebundenen Sext, über sich auflösenden Septime, gebundenen None, und was von diesen Septimen durch die Versetzung herzuleiten ist. Von diesen ist sie nur eine methodische Stiefmutter.

Wäre es nicht ein ungereimter Satz, wenn man nach dem Rameauischen System sagen müste: Die abwerts auflösende Septime wäre der Ursprung der über sich auflösenden, da der Ton der letztern vorher eine Terz, und also eine Consonanz gewesen ist, gleichwie auch die Quint der Quintharmonie durch die vorgegebene ungereimte Untersetzung zur None wird.

Hier gilt auch was man im Sprüchwort sagt: Der Habicht heckt keine Taube, und der Wolf kein Schaaf, und also auch umgekehrt.

Vorrede.

gekehrt. Die wirklichen Abstämmlinge der Septime werden alle als Dissonanzen angesehen, weil ihre Mutter dergleichen ist, sie mögen gegen ihre Grundnoten Quinten oder Terzen ausmachen; aber in dem vorgegebenen Nonenaccorde soll aus der consonirenden Quint eine Septime, und im Undecimenaccord eine None entspringen. Das heißt so viel: Die Taube heckt einen Habicht.

Hiermit widerruffe ich keinesweges mein System im dritten Theil meines Vorgemachs, da ich, aber nicht auf eine so unnatürliche Art wie RAMEAU und Marpurg, um der Methode willen, und um die Wissenschaft des Generalbasses zu erleichtern, die Septime wenigstens zu einer guten Stiefmutter der Quarte und None 2c. gemacht habe, denn ich habe es nur mit Versetzung und Umkehrung der Septimensätze, nicht aber mit unnatürlicher Untersetzung oder Unterschiebung, deren man sich bey baufälligen Häusern bedienen muß, zu thun. Und ob gleich nicht alle Septimensätze wirkliche Grundaccorde sind, (*) so können sie doch bey dieser Methode davor paßiren, weil keine andere Dissonanz sich auf diese Weise behandeln läst, daß man von deren Sätzen alle andere durch die Versetzung herleiten könnte.

Jeder der Sachen Verständiger siehet leicht ein, daß meine allda gebrauchte Methode demjenigen eine grose Erleichterung schaffet, welcher den Gebrauch der Dissonanzen zu erlernen suchet, und daß keiner etwas dabey verlieret, wenn er auch gleich die Septime als die Mutter aller Dissonanzen ansähe.

Betrachte aber ein annoch Ungeübter das Marpurgische Handbuch, wie auch dessen critischen Musikus, und was in dem erstern vornehmlich von der 34. bis 48. Seite vom Nonen= Undecimen= und Terzdecimenaccorde gelehret ist, so wird er sehen, in was vor Hecken und Dornen er geführet wird, da viel Aufmerk-
denns

(*) Das brauche ich nicht von Herrn Marpurg oder einem andern zu lernen, habe sie auch nicht davor ausgegeben.

Vorrede.

dens und Abhauens vonnöthen ist, will er anders mit ganzer Haut wieder heraus kommen; denn da heißt es wohl 40mahl: Schneide dieses und jenes Intervall ab, soll dir anders dieses verwilderte Gesträuche harmonische Früchte bringen, oder willst du aus diesem Labyrinth wieder heraus kommen.

Verstehet aber einer die Vermischung zweyerley Harmonien, und die Versetzung derselben, so fällt das vorgegebene Unterschieben oder Untersetzen, nebst dem eckelhaften und verdrüßlichen Abschneiden weg, und die ganze Lehre von der Harmonie läßt sich in 3. allgemeine Hauptsätze bringen, wie aus dem XXII. Cap. §. 14. dieses Buchs zu ersehen. Allda ist der wahre Grund aller nur möglichen harmonischen Sätze kurz zusammen gefaßt.

Ich war gesonnen mehrere Exempel zur Ubung beyzufügen, allein es haben sich die Kupfertafeln wider Vermuthen gehäuffet, daß ich es habe müssen anstehen lassen. Einem fleißigen und lehrbegierigen Studenten werden diese genug seyn, einen tüchtigen Grund im Generalbaß und Composition zu legen.

Aber werde ich mir durch dieses Buch nicht die Herren Rameau in Frankreich und seinen Nachschreiber Marpurg in Deutschland zu Feinden gemacht haben? Es sey drum. Die Wahrheit und die Musik sind mir viel zu lieb, als daß ich solche fürchten solte. Zu dem so hat mich Herr Marpurg in einem Briefe darzu aufgefordert. Ich bleibe bey der streitigen Sache, und lasse Sie übrigens in ihren Ehren und Würden ungekränkt. Sie haben beyderseits ausser diesem streitigen und widerlegten Punct vom Untersetzen oder Unterschieben viel gutes, richtiges und löbliches gelehret. Ich gebe auch zu, daß ihre Absicht gut sey, und es kömmt nun auf das Urtheil unpartheyischer Musikgelehrten an. Aber es müssen wahre, nicht eingebildete Musikgelehrte seyn, welche die Natur des Klangs und der Harmonie als tüchtige Theoretici practici verstehen, die aufwerts, nicht abwerts bauen, die

)( )(2   das

Vorrede.

das harmonische Gebäude nicht untergraben, und erst Grund suchen, wenn das Haus schon aufgerichtet ist; die einen Unterschied unter einem und unter zweyen mit einander vermischten Accorden machen können.

Hier scheiden wir uns. Was Mr. Rameau (*) einen Undecimenaccord nennet, das nenne ich eine Vermischung zweyer Accorde. Was Herr Marpurg einen Terzdecimenaccord nennet, das nenne ich ebenfalls eine Vermischung der Quintharmonie, die ihre Septime und None bey sich hat, und der Grundharmonie ꝛc. Ich setze meine None im fünfstimmigen Satze nicht unter- sondern über den Septimenaccord, und da habe ich mich des Beyfalls des Herrn Capellmeisters Telemanns, des Herrn Hofcomponisten Agricola, des Herrn C. Ph. E. Bachs, und vieler andern jetzo florirenden vortreflichen Tonmeister ohnfehlbar zu getrösten, sonst könte ich Sie mit ihren eigenen vortreflichen Arbeiten widerlegen.

Es sey darauf gewagt! Die Wahrheit muß siegen, oder die Ordnung der Natur muß umgekehret werden.

───────────────

(*) Das Urtheil von des Mr. Rameau Traité de l'Harmonie, in welchem das unnatürliche Untersetzen unter den Septimenaccord gelehret wird, lautet in der kleinen Generalbaßschule des Herrn Legationsraths von Mattheson also: „Man findet überhaupt „in dieses Clermontischen Organisten Werken wohl tausend Centner unverdrossener „Arbeit und vorsetzlicher Klauberey; fünf hundert Stein mühseliger Grillen und „Sonderlingsfratzen; etwa drey Pfund eigener Erfahrung, Hörensagen ungerechnet; „zwo Unzen gesunder Urtheilungskraft; und kaum ein Quintlein guten Geschmacks. Dieses Urtheil ist sehr hart. Was die Klauberey betrift, so hat sie Herr Marpurg noch vermehret, indem er auch noch die dritte Terz unter einen Septimenaccord kriechen lässet. S. Marpurgs Handbuch von der 34sten biß 48sten Seite.

Inhalt

Inhalt der Capitel.

I. Cap. Von der Natur des Klangs.
II. Cap. Von denen unterschiedenen Gestalten der zu denen reinen Hauptaccorden nöthigen Terzen, Quinten und Octaven.
III. Cap. Von der Anverwandtschaft der Harmonien.
IV. Cap. Woher die Melodie entspringe.
V. Cap. Vom reinen Hauptaccord.
VI. Cap. Von den Neben-Hauptaccorden.
VII. Cap. Vom Sextenaccord.
VIII. Cap. Vom Quartenaccord.
IX. Cap. Von der freyen und ungebundenen Septime, und denen von ihrem Satze abstammenden Sätzen.
X. Cap. Von der freyen ungebundenen None, und ihren Abstammlingen.
XI. Cap. Von denen gebundenen Septimen und ihren Abstammlingen, als gebundenen Quinten, Terzen und Grundnoten; wie auch von durchgehenden Septimen.
XII. Cap. Von der Vermischung der Harmonien, wie auch vom Ursprung der gebundenen gröffern Quart, und übermäßigen None. Item von der verminderten Quart, und Gebrauch der None, wenn sie ohne andere Dissonanzen erscheinet. Ingleichen von der übermäßigen None, und der grossen Septime wenn sie aufwerts aufgelöset werden muß. Es wird auch der Ursprung der am untern Ende gebundenen übermäßigen Secund gezeigt, und von falschen Octaven gehandelt.
XIII. Cap. Beleuchtung der Lehre des Herrn M. vom Ursprung des Nonenaccords, und Fortsetzung der Lehre von der Vermischung der Harmonien.
XIV. Cap. Besichtigung der Lehre vom so genannten Undecimen- und Terzdecimenaccord, nebst Fortsetzung der Lehre von Vermischung der Harmonien.

XV. Cap. Critik über die vorgegebene Substitution der Accorde.
XVI. Cap. Von durchgehenden und Wechselnoten.
XVII. Cap. Von denen gebundenen Quarten und Serten die sich bey der ungebundenen frey anschlagenden Septime finden.
XVIII. Cap. Von Verwechselung der Harmonie des Septimenaccords, und seiner drey Abstammlinge.
XIX. Cap. Von der Verwechselung der Auflösung.
XX. Cap. Von der Ellipsi, Retardation und Anticipation.
XXI. Cap. Von einigen enharmonischen Intervallen.
XXII. Cap. Beschreibung einiger practischen Exempel, durch welche man die bißher abgehandelte harmonische Sätze in mehrere Übung bringen kan.
XXIII. Cap. Von denen Grenzen der Tonarten, und musikalischen Cirkel.

Druckfehler.

I. Cap. §. 1. Lin. ult. müssen unter dem b auch = stehen.
V. Cap. §. 9. L. 1. muß vor G ein b stehen.
VI. C. §. 1. L. 9. nach gegeben ein ,
    §. 5. L. 2. tilget nach also das ;
    §. 9. L. 2. tilget nach) das ,
VII. C. §. 5. L. 2. wohl statt woh.
III. C. §. 5. L. 4. brav statt prav.
    L. 5. nach Freund statt , ein !
X. C. §. 3. L. 7. besehe, statt besiehe.
    §. 6. L. 2. tilget nach Quint , =
XI. C. §. 2. L. 5. gebunden statt gebundenen
XI. C. §. 2. L. 6. mehrentheils statt mehren Theils
XI. C. p. 31. L. 16. statt die 7. der 7.
XI. C. p. 32. L. 6. setzet nach statt, daß ic.
XII. C. §. 17. L. 6. denn statt den.
    p. 55. L. 6. tilget das b nach der 6.
XIV. C. §. 7. L. 4. auf statt anf.
XIV. C. §. 12. L. 4. Vom Ende an, pöbelhaft, statt pöbelnis.
XIV. C. §. 20. L. 2. lehren, statt Lehren.
    §. 15. L. 6. muß unter dem d dreymahl ein h stehen.
XV. C. §. 7. L. 6. nach wegen setze der
XVI. C. §. 1. L. 13. nach auf , die statt der .
XVIII. C. §. 11. L. 10. muß das f ein d seyn
XIX. C. §. 2. L. 5. Tab. statt Tag.
XXIII. C. §. 8. L. 3. Vorgemachs statt Vergem.
    §. 10. L. 2. nach rückwerts setze spielen,
    §. 31. L. 13. Harmonien statt Harmonie.

Einige kleine Übersichten wird der geneigte Leser gütigst entschuldigen.
Das Zeichen ♮ wolle man für das Wiederherstellungszeichen annehmen.

XXIV.
Kupfertabellen
zum
Compendio Harmonico
gehörig.

Dieses Blat wird vor die Tabellen gebunden.

Das erste Capitel.
Von der Natur des Klangs, und der daraus entstehenden harten und weichen Tonart.

§. 1.

Der Klang ist kein einfaches, sondern ein vielfaches und vermischtes Wesen, welches sich nach der natürlichen Ordnung der Zahlen, und der daraus entstehenden Verhältnisse entwickelt. Er ist gleich einem Baume, welcher sich in unterschiedliche Aeste und Zweige vertheilet. Wenn man die Zahl 1. dem Klange des 16 füßigen C zueignet, so bekommen die folgenden Zahlen nachstehende Klänge und Intervallen: 1:2:3:4:5:6:7:8:9:10:11:12:13:14:15
C C G c e g ḇ c d e x̱f g a ḇ

16:17:18:19:20:21:22:23:24:25:26:27:28:29:30:31:32
c cs d ds e f fs ♭g g gs ♭a a b x̱b h x̱h c.

§. 2.

Unter diesen harmoniren die fünf erstern, und alle die durch die Verdoppelung oder Verdrey- und Vierfältigung hervorkommen, vollkommen schön mit einander,

einander, so daß man meynen solte, es seye würklich nur ein Klang oder Ton. als: 1 : 2 : 3 : 4 : 5 : 6 : 8 : 10 : 12 : 16 : 20 : 24 : 32

C C G c e g c̄ ē ḡ c̿ ē̿ ḡ̿ c⃛, wie solches eine rein gestimmte Orgel bezeuget. Die übrigen dissoniren mit diesen. Doch finden wir in den Zahlen von 1 bis 32 noch drey reine Harmonien, als 1) die Quintharmonie in 3 : 6 : 9 : 12 : 15 : 18 : 24 : 30.

G g d g h d̄ ḡ h̄   2) Die Terzharmonie, und zwar erstlich die weiche, in 5 : 10 : 12 : 15 : 20 : 24 : 30.

e e g h̄ c̄ ḡ h̿ , und auch die harte, in 5 : 10 : 15 : 20 : 25 : 30.

e e h̄ e ḡs h̿ Diese letztere zeiget, so zu reden, mit Fingern auf diejenige weiche Tonart, welche dem C dur am nächsten verwandt ist. Z. E. Lasset die Grundharmonie, die sich auf die Zahl 1. gründet, hören, so dann die Quintharmonie, die sich auf die Zahl 3. gründet, und darauf die Terzharmonie, die sich auf die Zahl 5. gründet, so wird man, so zu sagen, durch eine verborgene Gewalt ins A moll geführet,

Z. E.   c̿ | h̄ h̄ c̿
      ḡ   g gs a
      ē   d e e
      c   g e a.

Nimmt man auch gleich die weiche Terzharmonie, so passet keine besser darauf, als die Sextharmonie, z. E. c | h̄ h̄ c̿   Allhier muß man nun der
                             g   g g a   Natur mit der Kunst zu
                             e   d e e   Hülfe kommen, und also
                             c | g e a.   schliessen:

Wie sich die Quintharmonie gegen die Terzharmonie verhält, so verhält sich die Grundharmonie gegen die Sextharmonie, und die Quartharmonie gegen die Secundharmonie. Hiervon ein mehrers im dritten Capitel.

§. 3.

Also stecket in jedem, zumahl tiefen Klange, der harte und weiche Hauptaccord, und zwar der erste dreymahl, als die Grundharmonie, die Quint- und die Terzharmonie, welche zugleich die Quintharmonie der weichen Tonart ist, und

und die weiche Terzharmonie, welche ihre kleine Terz aus der Quintharmonie entlehnet oder beybehält, als:

$$\begin{Bmatrix} 1:2:3:4:5 \\ \overline{c}\ \ C\ \ G\ \ c\ \ e \end{Bmatrix} \begin{vmatrix} 3:6:9:12:15 \\ .G\ \ g\ \ d\ \ g\ \ h \end{vmatrix}$$

$$\begin{Bmatrix} 5:10:15:20:25 \\ E\ \ e\ \ h\ \ e\ \ gis \end{Bmatrix} \begin{vmatrix} 5:10:12:15:20 \\ E\ \ e\ \ g\ \ h\ \ e \end{vmatrix}$$

§. 4.

Wir haben also nicht nöthig, mit Mr. Rameau und Mr. d'Alembert, die weiche Tonart in absteigenden erzitternden Quinten und Terzen zu suchen, und zu lehren: Wenn ein c̄ erklänge, so erzittere auch ein f, so mit dem c im (umgekehrten) Verhalt 3:1 stünde, und ein bA, welches mit dem c̄ den Verhalt 5:1 ausmacht, verstehe, wenn alle 3. von gleicher Länge wären, und daher dem C dur das F moll an die Seite zu setzen, weil bA f c̄ der Sexten-accord von F moll ist, denn A moll und E moll, wie auch G moll und C moll sind dem C dur näher verwandt, als F moll.

§. 5.

Wolte man eine theoretische Ursach suchen, warum man z. E. C dur mit C moll verwechsele? so könte man sagen: Wenn g als die Quint und herrschende Saite von C dur erklingt, so erzittert auch ein bE, wenn nemlich die Saite g so lang ist, als die Saite bE, weil es mit demselben im Verhalt 1:5 stehet, und aus diesem Grunde wäre C moll dem C dur verwandt. Da kan man aber auch sagen: Wenn ein c̄ erklingt, so erzittert auch ein A, wenn beyde gleich lange Saiten haben, denn es stehet mit dem c im Verhalt 3:1. Setzet man nun A zu c e, so ist A moll zu C dur gefunden. 3:1 aber ist eher als 5:1.

§. 6.

Hierbey aber ist wohl zu bedenken, daß auf die absteigende Linie nicht gesehen wird, wenn noch jemand in aufsteigender Linie vorhanden ist. In dem Klange C stecket in aufsteigender Linie von Natur nicht nur das g in 3:6:12:24, sondern auch ein gis in :5, ingleichen ein h in 15; dieser Dreyklang e gis h weiset mich aber ganz deutlich auf a c e, und ich darf nur der Natur zu Hülfe kommen, und ihr a mit der Zahl 13 etwas erhöhen, so ist die Trias a c e in $13\frac{1}{5}$:16:20 vorhanden. Sollen diese Verhältnisse sich in ganzen Zahlen sehen lassen,

laſſen, ſo kommen 40 : 48 : 60 auf a c e, und wenn ſie reduciret werden,
4) 10 : 12 : 15.

§. 7.

Die Natur giebt uns mit der Grund- und mit der Quintharmonie die melodiſche Treppe biß auf zwey Stufen:

8 : 9 : 10 : 12 : 15 : 16
c   d   e   g   h   c

Es fehlet alſo nur noch die Quart und Sext, f und a. Weil nun c f eine Quarte ſeyn muß, und ſie uns mit dem Verhalt 3 : 4 ſchon eine reine Quarte gegeben hat, ſo dürfen wir dieſe nur auch ſo einrichten; und weil c a eine groſſe Sext ſeyn muß, und uns mit 3 : 5 g e ſchon eine groſſe Sext gegeben worden iſt, ſo iſt dieſe auch bald zu haben. Da nun 11 vor f zu viel, und 13 vor a zu wenig iſt, ſo können wir leicht ausrechner, wie viel auf ſie kommt, z. E. 3–4–8? fac. $10\frac{2}{3}$, und 3–5–8? fac. $13\frac{1}{3}$. Es kommt alſo auf f $10\frac{2}{3}$, und auf a $13\frac{1}{3}$. Die Quart iſt die Unterquint von der Octav, und die Sext iſt die Unterquint von der Terz.

Will die Grundharmonie in die Quartharmonie ſchreiten, ſo nimmt ſie die Zahl 3. zum Grundtone an. Will aber die Grundharmonie in die Sextharmonie gehen, ſo erwehlet ſie die Zahl 6. zum Grundtone, z. E. c f, 3 : 4; c a, 6 : 5.

§. 8.

Man muß der Natur mit der Kunſt zu Hülfe kommen. Die Töne die auf 7, 11, 13, 19, ꝛc. fallen, machen keine reinen Intervallen mit denen übrigen Zahlen. Die 7. weiſet uns auf die kleine Septime, die 11. auf die Quart und Triton, und die 13. auf die Sexte.

§. 9.

Wir müſſen nun der Ausübung etwas näher treten. Unſer Clavier ſtellet in der Octav 13. Taſten dar, davon ein jeder der beſchriebenen zwey reinen Hauptaccorde fähig iſt. In dieſen 13. Taſten aber finden ſich verſchiedene materialiſche Geſtalten, der zum Hauptaccord nöthigen Terzen, Quinten und Octaven, wovon im folgenden Capitel.

Das andere Capitel.
Von denen unterschiedenen Gestalten der zu denen reinen Hauptaccorden nöthigen Terzen, Quinten und Octaven.

§. 1.

Die Octaven haben auf dem Clavier nur zweyerley Gestalten, verstehe die eigentlichen reinen Octaven, und bestehen entweder aus zwey breiten oder aus zwey schmahlen Tasten. Der breiten sind 7. und der schmahlen 5. Die Octav ist entweder einfach C c, oder zweyfach C c̄, oder dreyfach C c̄̄, oder vierfach C c̄̄̄ ꝛc.

Die Grundnoten aber, zu welchen man Octaven zu greifen hat sind etwa diejenigen, welche Fig. 1. Tab. 1. zeiget. Sieben haben nichts vor sich; Sieben haben ×; Sieben x; Sieben b. und sieben bb. Weiter wird sich die Praxis nicht leicht versteigen.

§. 2.

Die Quinten haben viererley Gestalten; ihrer 6. bestehen aus 2. breiten Tasten, als

    f c, c g, g d, d a, a e, e h.
    1   2   3   4   5   6

Bey einer einzigen ist die untere Taste breit, und die obern schmahl, als bey h ×f.

Bey einer einzigen ist die untere Taste schmahl und die obere breit, als bey bh f.

Ihrer vier haben zwey schmahle Tasten, als:
×f ×c, ×c ×g, ×g ×d, ×d ×a
oder
bg bd, bd ba, ba be, be bh

Sonsten hangen die Quinten also aneinander:
f c g d a e h ×f ×c ×g ×d ×a ×e ×h ×f ×c ×g ×d ×a ꝛc.
oder:
bbc bbg bbd bba bbe bbh bf bc bg bd ba be bh f Tab. I. F. 2.

6 Cap. II. Von denen Gestalten der Intervallen des Hauptaccords.

Zwischen beyden Tasten einer reinen Quint müssen allemahl 6. andere liegen. Jede reine Quint theilet sich in eine grosse und kleine Terz. Beym Duraccord ist die grosse unten, und beym weichen die kleine:

c e g, d f a

Die Quint ist einfach c g, zweyfach c $\bar{g}$, dreyfach c $\bar{\bar{g}}$, vierfach C $\bar{\bar{\bar{g}}}$ ꝛc. Wenn sich ihr kleineres Ende gegen das grössere verhält wie 2 zu 3, so ist sie vollkommen rein. Auf dem Clavier müssen sie ein klein wenig (um $\frac{1}{12}$ Comm. dit.) abwerts schweben. Siehe Anweisung zur Rationalrechnung.

§. 3.

Die grossen Terzen haben auch viererley Gestalten; Bey dreyen haben beyde Ende breite Tasten, als bey f a, c e, g h; Bey vieren ist die untere Taste breit, und die obere schmahl als bey d ✗f, a ✗c, e ✗g, h ✗d; Bey vieren ist die untere Taste schmahl, und die obere breit, als bey ♭h d, ♭e g, ♭a c, ♭d f; nur eine bestehet aus zwey schmahlen Tasten, als ✗f ✗a, oder ♭g ♭h. In Noten sehen sie aus, wie Fig. 3. weiset. Zwischen beyden Enden müssen 3. Tasten liegen. Die grosse Terz ist entweder einfach c e, oder zweyfach c $\bar{e}$, oder dreyfach c $\bar{\bar{e}}$, oder vierfach C $\bar{\bar{\bar{e}}}$. Die grossen Terzen müssen alle aufwerts schweben. S. Rationalrechnung.

§. 4.

Der kleinen Terzen giebt es auch viererley Gattungen. Ihrer 4. haben zu beyden Enden breite Tasten, als d f, a c, e g, h d; Bey dreyen ist die untere Taste breit und die obere schmahl, als bey f ♭a, c ♭e, g ♭h; Bey dreyen ist die untere Taste schmahl, und die obere breit, als bey ✗f a, ✗c e, ✗g h; Bey zweyen sind beyde Tasten schmahl, als bey ♭h ♭d der ✗a ✗c. Zwischen beyden Tasten müssen 2. andere liegen. Am besten ist es, wenn man sie nach dem Klang beurtheilen lernet. Die kleine Terz ist einfach d f, zweyfach D f, dreyfach d $\bar{f}$, vierfach D $\bar{f}$. In Noten sehen sie wie Figur 4. weiset. Die kleinen Terzen müssen alle abwerts schweben. So viel ist vorjetzt genug von der Intervallenlehre. Die übrigen Intervallen werden uns schon nach und nach bekannt werden.

Das

Das dritte Capitel.
Von der Anverwandtschaft der Harmonien.

§. 1.

Wir wollen diese Anverwandtschaft vorjezo nicht weiter ausdehnen als auf die Dur- und Mollharmonie, auf den harten und weichen Hauptaccord. Eine jede zum Grunde erwählte Harmonie, sie sey Dur oder Moll, hat 5. andere Nebenharmonien, von denen man mit der schönsten Gewißheit sagen kan, sie seyen der Grundharmonie alle in dem nächsten Grad auf- oder absteigender Linie verwandt. Setzet die drey Klänge einer Grundharmonie, (Triadem fundamentalem) und gebet einem jeden eine Ober- und Unterquint, so werdet ihr bald sehen welches die am nächsten verwandten Harmonien sind, und welche zur auf- oder absteigender Linie gehören:

```
    g   h   d
    C   E   G,
    f   a   c
```

Da habt ihr in aufsteigender Linie die Harmonie g h d, und in absteigender Linie f a c, und also drey Durharmonien. Setzet diese Klänge stufenweise, so ist die natürliche Tonleiter vorhanden.

c d e f g a h c

Setzet a als die Terz der in absteigender Linie befindlichen Harmonie zum Grunde einer Mollharmonie, und gebet A C E wiederum Ober- und Unterquinten, so bekommet ihr auch drey weiche Harmonien:

```
    e   g   h
    A   C   E
    d   f   a
```

Da siehet man ganz deutlich, daß der Grundharmonie c e g, 5. andere, und der Grundharmonie a c e auch 5. andere, nemlich eben die so bey der Durharmonie hervor kamen, in den nächsten Graden verwandt sind. (*)

§. 2.

(*) Die der weichen Tonart so unentbehrliche grosse Septime z. E. gis im A moll, entspringet als grosse Terz in dessen Quintharmonie. Diese grosse Terz e gs wird von der Natur ohne Beyhülfe der Kunst gegeben. Wolte man die kleine Terz zur Schlußclausel nehmen, so wäre es so unnatürlich als wenn man in der harten Tonart statt der grossen Terz bey der Quintharmonie die kleine nehmen wolte.

Cap. III. Von der Anverwandtschaft der Harmonien.

§. 2.

Verfahret ihr mit den übrigen zu den 6. Harmonien gehörigen Klängen eben auf diese Weise, so bringet auch eine jede einen neuen Klang. D bringet ein fs, a ein cs, e ein gs, h ein ds und f mit seiner Unterquint ein b, und alsdenn sind alle in der Tonart C dur nöthigen Klänge vorhanden, nemlich
c cs d ds e f fs g gs a b h c.

§. 3.

Verwechselt man C dur mit C moll, weil doch die Quinte g in einem ♭E stecket, und solches in Bewegung bringet, so kriegen wir auch ♭e ♭h ♭a ♭d, cis heisset so dann auch des, dis heisset auch es, fis wird ges, gis ein as ꝛc. Wechselt man nun mit diesen sich verwandten Harmonien fein freundschaftlich ab, so entstehen viererley Melodien vor alle 4. Hauptstimmen, Discant, Alt, Tenor und Baß.

Das vierdte Capitel.
Woher die Melodie entspringe.

§. 1.

Die Melodie entspringt ohnstreitig aus der Harmonie. Nehmet die Klänge einer Grundharmonie einzeln, als c c g c, so ist schon eine gewisse Art der Melodie vorhanden. Versetzet diese Klänge so oft ihr könnet, so krieget ihr von diesen 4. Klängen einen Haufen Melodien. Wechselt man nun mit denen sich verwandten Harmonien geschicklich ab, so wird es an mancherley Melodien nicht fehlen, wenn zumahl allerhand Metra darzu kommen.

§. 2.

Bey der Fortschreitung von einem harmonischen Satze zum andern, oder von einer Harmonie zu einer derselben verwandten, ist eine gewisse Regel von nöthen, die heisset also:

Die Regel der Fortschreitung:

Zwey Quinten oder Octaven dürfen in einerley Stimmen nicht aufeinander folgen. Das heißt: Hat der Discant die Quint oder Octav gehabt,

Cap. IV. Vom Ursprung der Melodie.

gehabt, so darf er sie bey der Fortschreitung nicht wieder haben. (*
Warum? Es wird das Gesetz der Natur dabey übertreten. Wie heiß
dieses? Mache keinen Sprung. Wie beweiset man daß durch Setzung
zweyer Quinten und Octaven ein dergleichen Sprung begangen werde
Also: Wenn man die Fortschreitung in ihren verknüpften Verhältnisse
darstellet, z. E.

```
12 : 18     g   d
10 : 15     e   h
 8 : 12     c   g
 2 :  3         
32 : 48.    C   G
            gleich
```

§. 3.

Aus dieser Hauptregel fliesset eine andere, die heisset also:
Von einem Hauptaccord zum andern können niemahlen alle 4. Hauptstimmen in gerader Bewegung fortschreiten.
Der Bewegungen sind 3. die gerade Bewegung, die Gegenbewegung
und die Seitenbewegung.

```
   e | e f | g f | f g | g g | g e
   c | c d | c d | d G | c e   c c
  gerade-    gegen-    Seitenbewegung.
```

In der geraden gehen beyde Stimmen miteinander auf- oder abwerts; in
der Gegenbewegung gehen sie gegen einander, oder von einander, und in
der Seitenbewegung stehet die eine, wenn die andere hinauf oder hinunter
gehet.

§. 4.

Wir wollen nun lernen, wie man von einer Grundharmonie in ihre nächsten Nebenharmonien schreiten könne. Hierbey kömmt viel auf den ersten
Schritt an; dieser kan geschehen 1.) in die Quintharmonie; 2.) in die
Quartharmonie; 3.) in die Sextharmonie; 4.) in die Terzharmonie, und 5.) in die Secundharmonie. In denen weichen Tonarten stehet
statt der Secund- die Septimenharmonie. Die übrigen sind so ziemlich
willkührlich.

(*) Das gilt auch bey allen übrigen Stimmen.

Das fünfte Capitel.
Von dem reinen Hauptaccord.

§. 1.

Dieser ist, wie schon gesagt, hart oder weich, dur oder moll, wie man gewohnt ist zu sprechen. Wir wollen fünf kurtze Exempel geben. In dem ersten geschiehet der erste Schritt in die Quintharmonie; im andern in die Quartharmonie; im dritten in die Sext= im vierdten in die Terz= und im fünften in die Secundharmonie. Fig. 5. 6. 7. 8. 9. Zu jeder dieser Baßnoten wird in der rechten Hand Terz, Quint und Octav gegriffen, doch in beständiger Abwechselung, so, daß bald die Terz, bald die Quint, bald die Octav oben ist, wie besagte Exempel deutlich zeigen; sie kommen alsdenn auf folgende Arten zu stehen:

8 3 5   Sie können zwar auch zerstreuet erscheinen,
5 8 3   doch davon ist jetzo die Rede nicht.
3 5 8

Woher kommen diese kleinen Melodien? Aus der Harmonie, und der Fortschreitung von einem harmonischen Satze zu einem andern der ihm verwandt ist. Wer das Gegentheil statuiret, der ist schuldig es auch zu erweisen. Es ist eben so ungereimt, als von oben herein bauen wollen.

§. 2.

Wollen wir Exempel in der weichen Tonart geben, so müssen wir voraus setzen, daß die weiche Tonart bey ihrer Quintharmonie, nebst der kleinen auch die grosse Terz gantz unentbehrlich nöthig habe, und zwar so nothwendig, als ein Frauenzimmer einen Vormund vor Gerichten nöthig hat, sonst kan nichts beschlossen oder ausgemacht werden. Fig. 10. (*)

§. 3.

Um dieser Ursach willen werden die Klangstufen in der weichen Tonart also einge-

---

(*) Diese grosse Terz auf der Quintharmonie wird von der Natur ohne Zuthun der Kunst angegeben, und steckt in jedem zu mahl tiefen Klange. Die Zahl 1 giebt die harte Grundharmonie 1:2:3:4:5, C c g c e, die Zahl 3 die Quintharmonie, 3:6:9:12:15, G g d g h, und die Zahl 5. die Quintharmonie derjenigen weichen Tonart, welche der Grundharmonie am nechsten verwandt ist, als 5:10:15:20:25 E e h e gis.

Cap. V. Von dem reinen Hauptaccord.

eingerichtet: a h c d e f gis a; und weil zwischen f und gis, oder von der sechsten zur siebenden Stufe ein allzuweiter Raum entstehet, so wird auch die sechste Stufe einen halben Ton höher genommen: a h c d e fis gis a.

Abwerts aber gehet man insgemein also: a g f e d c h a: und deßwegen pfleget man alle Molltonarten also zu bezeichnen, wie die ihnen am nechsten verwandte Durtonarten bezeichnet werden, nemlich A moll wie C dur, E moll wie G dur, D moll wie F dur ꝛc. Man pfleget auch oftermahlen also abzusteigen: a gis f e d c h a; und man hat auch guten Grund darzu. Angehenden Sängern aber pfleget die übermäßige Secund, die von der siebenden Stufe zur sechsten entstehet, schwer zu fallen. Ein gewisser Musikgelehrter verlanget, man solle in der weichen Tonart eben so auffsteigen, wie man absteiget, nemlich also: a h c d e f gis a, a gis f e d c h a; abwerts fällt es natürlicher als aufwerts.

§. 4.

Wir wollen nun auch in der weichen Tonart von einer Harmonie zur andern schreiten lernen; und weil die Secundharmonie, keine reine, sondern die so genannte falsche Quint h f aufweiset, so kan der erste Schritt noch zur Zeit nicht in selbige geschehen, sondern wir nehmen davor die Septimenharmonie. S. Fig. 11. 12. 13. 14. 15.

§. 5.

Die Quintharmonie ist nicht immer dur, sondern auch oftermahlen moll. Auch ist die Quartharmonie zu weilen dur, und die Secundharmonie nimmt die reine Quint an, wie in Fig. 16. Tab. I. zu sehen. Diese erhöhete Quint braucht so dann ein Strichlein 5+, weil der Notenplan die falsche giebt.

§. 6.

Nun ist nöthig zu zeigen wie alle und jede, harte und weiche Hauptaccorde an einander hängen, und da kommen wir zu denen musikalischen Cirkeln, welche zu verstehen einem jedem Clavierspieler sehr nöthig und nützlich sind.

Der erste Circkelgang enthält alle mit ♯ oder x bezeichnete Grundnoten, und gelanget am Ende ins ♯ H. Daß das ♯ über einer Note die grosse Terz verlange, wird man schon aus vorhergehender Tabelle ersehen haben; das x verlanget auch dergleichen; er stehet Tab. II. Daß das x vor einer Note solche

Cap. V. Von dem reinen Hauptaccord.

um einen ganzen Ton erhöhe, wird hoffentlich schon bekannt seyn. Die Ordnung in diesem ersten Cirkelgang ist also:

C dur	G dur	A moll	E moll
D dur	A dur	H moll	Fis moll
E dur	H dur	Cis moll	Gis moll
Fis dur	Cis dur	Dis moll	Ais moll
Gis dur	Dis dur	Eis moll	His moll
Ais dur	Eis dur	Fisis moll	Cisis moll
	His dur		

§. 7.

Fig. 2. Tab. II. stellet den zweyten Cirkelgang dar, dessen Grundnoten keine mit ☓ oder x bezeichnete Note, sondern ein b oder zwey bb vor sich haben; Die Summe aller dieser harten und weichen Hauptaccorde ist just sieben mahl sieben, oder 49.

Daß das ♮ über einer Note die grosse Terz verlange, wenn sie vorher die kleine gehabt, ist hierbey anzumercken. Eine Note die ein ☓ oder x vor sich hat, und nichts über sich, verlanget die kleine Terz; und eine Note die ein b oder zwey bb vor sich hat, und nichts über sich, verlanget die grosse Terz. Die Ordnung in diesem zweyten Cirkelgange ist folgende:

C dur	F dur	D moll	G moll
Hes dur	Es dur	C moll	F moll
As dur	Des dur	Hes moll	Es moll
Ges dur	Ces dur	As moll	Des moll
Fes dur	Heses dur	Ges moll	Ces moll
Eses dur	Asas dur	Fes moll	Heses moll
	Deses dur		

§. 8.

Wer diese 49. reine Hauptaccorde, die auf dem Clavier nur 24zigerley Gestalten haben, leicht zu finden weiß, dem wird es ein sehr grosser Vortheil seyn. In die dreyfache Erhöhung oder Erniedrigung wollen wir uns nicht einlassen, und die Praxis wird sich auch nicht leicht so weit versteigen. Man macht sich selten über xf xc xg und über bbh bbe bba hinaus.

§. 9. Fängt

§. 9.

Fängt man in G an, so kommen die leichten Tonarten in die Mitte, und das Ende ist in Fis. Fig. 3. Tab II. zeiget also die dritte Art alle 24. Tonarten cirkelmäßig zu verbinden. Die Ordnung ist:

C dur	G dur	E moll	H moll
D	A	Fs	Cs
E	H	Gs	Ds
Fs	Cs	Ais	Eis oder F moll
♭A	♭E	C	G
♭H	F	D	A
	C dur.		

Es lassen sich auch noch mehrere finden, die nebst diesen dreyen von Heinichens und Matthesons Cirkelgängen unterschieden sind. Ich darf nicht zu weitläuftig seyn. Es kan aber weiter hin geschehen. S. Cap. XXIII. So viel vom reinen Hauptaccord.

Das sechste Capitel.
Von denen Neben-Hauptaccorden.

§. 1.

Ich nenne diese zwar auch Hauptaccorde, aber nur Neben-Hauptaccorde, zum Unterschied der würklichen reinen Hauptaccorde; Denn die falschen Quinten, welche sie führen, deren eine einen kleinen halben Ton zu niedrig, und die andere einen kleinen halben Ton zu hoch ist, verursachen, daß sie eher dissoniren als consoniren. Weil sie sich aber wie die reinen Quinten aufführen, nemlich frey, ungebunden, ohne Vorbereitung, und nicht wie würkliche Dissonanzen aufgelöset werden; so muß man sie unter den reinen Hauptaccorden so mit durchschleichen lassen, ob sie wohl nur so genannte Pseudoconsonanzen sind. Ich habe ihnen diese Benennung in meinem Vorgemach zuerst gegeben und sie ist so glücklich gewesen von Herrn Marpurg angenommen zu werden.

§. 2.

Dieser Nebenhauptaccorde, die eben auch, wie die reinen, aus Terz, Quint und Octav bestehen, sind vornehmlich dreyerley, zwey mit der kleinern und eine

Cap. VI. Von denen Neben-Hauptaccorden.

eine mit der grössern Quint. Ich kan die kleinere nicht die verminderte nennen, denn sie erscheinet unter denen Klängen der natürlichen Tonleiter c d e f g a h c mit h und f unvermindert, ohne an dem untern Ende ein x, oder an dem obern ein b nöthig zuhaben; und wird im G dur und E moll ein ×f vorgezeichnet, so ist ×f c wiederum so natürlich als h f im C dur u. A moll, u. s. w. Die grössere Quint aber läßt sich eher die vergrösserte oder übermäßige nennen, weil ihr oberes Ende, nach der einmahl angenommenen Bezeichnung eine Erhöhung oder Vergrösserung brauchet, es geschehe nun durch ×, x oder ♮. Bezeichnete man aber Z. E. A moll mit einem ×g, welches eben nichts ungereimtes wäre, so käme diese vergrösserte Quinte Z. E. c ×g im Notenplan ganz natürlich, gleich wie h f; Man würde sie aber wohl eben so oft zu erniedrigen haben, als man das g im A moll zu erhöhen hat.

§. 3.

Die erste, nemlich die kleinere Quint, wird so wohl mit der kleinen als grossen Terz vermittelt, nemlich h f mit d und auch mit ×d, und also haben wir einen weichen (dieser gehet hier voran) und einen harten kleinern Neben-Hauptaccord. Die andere, nemlich die grössere Quint wird nur mit der grossen Terz vermittelt, es wäre denn daß wir Z. E. von C moll gählling in A moll gehen wolten, Z. E.

```
   g   gs.  —   a
   be       d   c
   c        H   A
```

welches wohl sehr selten geschicht, denn es ist zwischen C moll und A moll eben so ein Verhältniß wie zwischen Weib und Kebsweib. Eines hasset das andere.

§. 4.

Der erste Neben-Hauptaccord fällt in der harten Tonart auf die Septimenharmonie, als im c dur auf h d f, und in der weichen Tonart auf die Secundharmonie, als im A moll auf h d f. Er ist der Grundharmonie nicht im ersten Grad, sondern im andern Grad verwandt:

```
       ⎧ f ⎫           A ⎫  C E
       ⎨ d ⎬         ⎧ f ⎬
       ⎩ h ⎭         ⎨ d ⎬
   C E G             ⎩ h ⎭
```

§. 5. Diese

Cap. VI. Von denen Neben-Hauptaccorden.

§. 5.

Diese kleinere Quint erscheinet auf unserm Clavier zweymahl mit zwey breiten Tasten, nämlich mit h und f, und eis h, und läßt sich also: bey h f in eben der Gestalt sehen, wie 6. andere reine Quinten. Weil es nun die siebende ist, so muß sie freylich was absonderliches haben, gleichwie die Zahl 7. in der Harmonie. Eilfmahl erscheinet sie, da entweder ihr unteres Ende schmahl, und das obere breit, oder das untere breit und das obere schmahl ist.

§. 6.

Da wir Tab. I. fig. 2. die reinen Quinten mit unterschiedlicher Bezeichnung vorgestellet haben, so ist leicht zu ermessen, daß diese kleinere Quinten sich auch in verschiedenen Gestalten werden sehen lassen. Zwey Tonarten haben allemahl nur eine, als:

C dur A moll	} haben h f	F dur D moll	} haben e ♭h
G dur E moll	} haben fs c	♭H dur G moll	} haben a ♭e
D dur H moll	} haben cs g	♭E dur C moll	} haben d ♭a
A dur Fs moll	} haben gs d	♭A dur F moll	} haben g ♭d
E dur Cs moll	} haben ds a	♭D dur ♭H moll	} haben c ♭g
H dur Gs moll	} haben ais e	♭G dur ♭E moll	} haben f ♭c
Fs dur Ds moll	} haben eis h	♭C dur ♭A moll	} haben ♭h ♭f
Cs dur Ais moll	} haben hs fs	♭F dur ♭D moll	} haben ♭e ♭♭h

Die übrigen werden nicht leicht vorkommen.

§. 7.

Dieser, und die noch übrigen Neben-Hauptaccorde sind gleich den bittern Mandeln, die man bey gewissen Speisen mit Fleiß unter die süssen mischet, damit die allzugrosse Süßigkeit keinen Eckel erwecke.

§. 8. Ich

Cap. VI. Von denen Neben-Hauptaccorden.

§. 8.

Ich will vorerst den Gebrauch des ersten Neben-Hauptaccords, so aus einer kleinen Terz und kleineren Quint (die man insgemein die falsche nennet), bestehet, zeigen, und damit sie desto kenntlicher werden, in einen Cirkelgange anzeigen. Er stehet Tab. II. Fig. 4. und gehet in Tab. III. fort. Die weiche Tonart kan gleich von der Grundharmonie in diese ihre Secundharmonie gehen; die harte Tonart aber muß erst die Quartharmonie hören lassen, ehe sie in diese ihre Septharmonie gehen kan.

A, H e A. c f H e A, d G c.

Diese kleinere Quint wird also mit einem darüber gesezten Bogen kenntlich gemacht. Ist sie im Notenplan nicht schon von Natur vorhanden, so muß sie durch ein vorgesetztes b oder ♮ kenntlich gemacht werden. Man hängt das b oder ♮ auch hinten an. 5b, 5♮.

§. 9.

Nimmt diese kleinere Quint die grosse Terz zu sich, so entstehet zwischen solcher und der Quint die verkleinerte oder kleineste Terz. Z. E. ds f; man setzt so denn die Terz gern oben. Fig. 1. 2. Tab. III. Es ist ein saurer Eßig um diesen Nebenaccord; man kostet ihn nicht gerne zweymahl, doch thut er zu rechter Zeit gute Dienste.

§. 10.

Dieser aus einer grossen Terz und kleinern Quint bestehende Neben-Hauptaccord findet auch vermittelst einer Zubereitung auf der Dominante der weichen Tonart statt, Z. E.
```
      -b  a | gs  a
       f      e   c
       b      b   a
       d      e   f
```

§. 11.

Der dritte Neben-Hauptaccord mit der vergrösserten Quint und grossen Terz hat vornehmlich in der weichen Tonart auf der Terz (mediante) statt; man braucht ihn aber auch zur Vergrösserung der reinen Quint in der harten Tonart. Fig. 3. u. 4. Tab. III. Man macht diese vergrösserte oder übermäßige Quint durch ein angehängtes Strichlein kenntbar. Man kan alle 5. Arten

der

der Hauptaccorde, so wohl reine als mißlautende auf einander hören lassen. Fig. 5. Tab. III. Man kan in der fünften Art oft mahls die Terz verdoppeln. So viel von Hauptaccorden, als zwey reinen, harten und weichen, und drey mißlautenden Neben-Hauptaccorden. Mehrere zu statuiren würde der Musik keinen Vortheil bringen.

Das siebende Capitel.
Vom Sextenaccord.

§. 1.

Ein jeder Hauptaccord, er sey ein reiner oder ein Neben-Hauptaccord, kan in einen Sextenaccord verwandelt werden, wenn der Baß des Hauptaccords eine Terz höher gerücket wird. Z. E. C e g c | E e g c.

§. 2.

Zu jeder Sext gehöret die Terz. Die vierdte Stimme ist entweder eine Octav, oder es wird statt der Octave entweder die Sext oder auch die Terz verdoppelt. Der Sextenaccord, so aus dem harten verminderten Neben-Hauptaccorde abstammet, leidet keine Octav.

§. 3.

Der harte reine Hauptaccord giebt eine kleine Sext mit der kleinen Terz.
Der weiche reine Hauptaccord giebt eine grosse Sext mit der grossen Terz.
Der weiche Neben-Hauptaccord mit der kleineren Quint gibt eine grosse Sext mit der kleinen Terz.
Der harte Neben-Hauptaccord mit der kleinern Quint gibt eine kleine Sext mit der verminderten oder kleinesten Terz.
Der harte Neben-Hauptaccord mit der vergrösserten Quint gibt eine kleine Sext mit der grossen Terz. Fig. 6. Tab. III.

§. 4.

Es wird auch oftermahlen die Terz nur allein zu der Sext genommen, und da ist bald die Terz, bald die Sext oben:

c   g
g   c
e   c
    C

§. 5. Vom

Cap. VII. Vom Sextenaccord.

§. 5.

Vom Sextenaccord sind vornehmlich 3. Hauptpuncte zu merken, die so wohl der Generalbaßist als der Componist wißen muß.

I.) Der Sextenaccord folget oftermahlen auf seinen Hauptaccord, und da darf man ihn nicht lange suchen, sondern man hat ihn schon in der Hand. Fig. 7.

II.) Der Sextenaccord gehet oftermahls vor seinem Hauptaccorde her, und da darf man nur greifen was zu seinem Hauptaccorde gehöret. Fig. 8.

III.) Der Sextenaccord versiehet sehr oft die Stelle seines Hauptaccords, und da nimmt er selten die Octav zu sich, sondern es wird entweder die Sext oder die Terz verdoppelt. Fig. 9. Tab. III.

§. 6.

Der Sextenaccord mit der verminderten Terz kan eher eine mangelhafte Octav (Octavam deficientem) als eine reine Octav vertragen. Fig. 10. Tab. III. Diese Octav aber muß gebunden seyn. Dieser Satz gehöret also unter die dissonirenden.

§. 7.

Zur Ubung in denen Sextenaccorden wollen wir ein Exempel geben, welches durch den ganzen Cirkel gehet; die Hauptaccorde werden zugleich in mehrere Ubung gebracht. Der Strich unter den Noten des vierdten Tacts bedeutet, daß man nur zur ersten Note anschläget. Dieses Zeichen wird künftig mehr vorkommen. Das Exempel stehet Tab. IV. Fig 1.

§. 8.

Es meldet sich auch oftermahlen eine übermäßige Sext, (Sexta superflua) die aber eigentlich erst aus dem Septimenaccorde mit der kleinen Quint und grossen Terz, und dessen zweyten Versetzung seinen Ursprung nimmt, und nebst der Terz eine gröffere Quart (superfluam) oder Triton bey sich führet. Weil aber diese Sext auch oftermahlen nur mit der Terz begleitet erscheinet, so will ich sie beyfügen.

Einige

Cap. VII. Von denen Sextenaccorden.

Einige bezeichnen sie mit zwey Strichlein; weil aber ihr oberes Ende nur eine einfache Erhöhung leidet, so ist es genug sie nur mit einem Strichlein anzudeuten. Fig. 11. Tab. III. Sie leidet keine Verdoppelung. Wohl aber verdoppelt sie die Terz.

§. 9.

Man statuiret auch eine kleineste oder verkleinerte Sext (diminutam) welche aus einer vierdten Art der Neben-Hauptaccorde entstehet, da die grosse Terz vergrössert wird, z. E. bh dis. Es ist derselbe nebst seinem Ursprunge Tab. III. Fig. 12. und 13. zu sehen. Sie gehören alle beyde in die höllische Musik, oder vielmehr Zetergeschrey, wenns heißt: Heult greßlich ihr Teufel. O möchte man doch die Harmonie mit dergleichen Ausdrücken verschonen! Dieser kleinesten Sext Gefährten sind eine kleineste Terz und verminderte Octav.

§. 10.

Von den Sexten ist überhaupt zu merken, daß sie nichts anders als umgekehrte Terzen sind. Weil wir nun oben Tab. I. Fig. 3. 4. eine Menge Gestalten von Terzen in Noten vorgestellet haben, so dürfen wir diese nur umwenden, das heißt, das untere Ende oben stellen, so werden sie uns bald bekannt werden.

Die grosse Terz giebt eine kleine Sext.

Die kleine Terz giebt eine grosse Sext.

Die kleineste Terz die grösseste Sext.

Und die grösseste Terz die kleineste Sext.

Die grossen Terzen werden zu grössesten wenn ihr oberes Ende um einen kleinen Ton, durch 𝄪 x oder ♮ erhöhet wird.

§. 11.

Mit Sextenaccorden kan man ein Stück wohl anfangen, aber nicht endigen, weil der Sextenaccord kein eigenes, sondern nur ein geborgtes Fundament hat.

Das achte Capitel.
Von dem Quartenaccorde.

§. 1.

Der Quartenaccord entstehet aus der zweyten Versetzung des Hauptaccords. Ist nun der Hauptaccord ein reiner, harter oder weicher Hauptaccord, so wird es auch sein von ihm abstammender Quartenaccord. Ist er aber ein mißlautender Neben-Hauptaccord, so ist auch dieser sein zweyter Abstamling darnach beschaffen. Doch wollen alle diese Quarten, die aus der Versetzung der Hauptaccorde entstehen, eben so tractirt seyn als würkliche Consonanzen, oder ihre Repliken die Quinten; und alle diese Quarten sind umgekehrte Quinten. Wer nun alle Gestalten der Quarten in Noten kennen will, der darf nur die Quinten umkehren. Tab. I. Fig. 2. sind neunerley Gestalten von reinen Quinten gezeiget worden, und also giebt es auch so vielerley Gestalten von reinen Quarten.

Die kleinern Quinten geben grössere Quarten, davon zwey aus breiten Tasten bestehen, als h eis und f h: welche einen sehr ungleichen Raum, denen Tasten nach, einnehmen.

Die vergrösserten Quinten geben verkleinerte Quarten, z. E. c gis, gis c.

§. 2.

Wenn die Quint eines Hauptaccords zum Grunde, und die übrigen Theile desselben drüber gesetzet werden, so entstehet ein Quartenaccord. Einige Tonmeister nennen ihn Sext-Quartenaccord, weil er allemahl eine Sext bey sich haben muß. Die vierdte Stimme ist eine Octav, doch kan auch an statt der Octav die Quart verdoppelt werden. Fig. 2. Tab. IV. enthält fünferley Arten der Quartenaccorde, und zeiget zu gleich ihre Hauptaccorde, woraus sie entstehen.

§. 3.

Diese Quartenaccorde folgen, gleich wie ihre Septenaccorde, so gleichen Ursprung mit ihnen haben, oftermahlen auf ihre Haupt- oder Sextenaccorde; oder gehen vor ihnen her; oder versehen ihre Stelle. Im ersten Fall
darf

Cap. VIII. Von dem Quartaccord.

darf man sie nicht lange suchen, im andern auch nicht, und im dritten Fall darf man sich nur einbilden, der Baß stünde eine Quint tiefer, und erfodere einen Hauptaccord. Tab. V. Lin. 1. 2. werden diese dreyerley Fälle darstellen.

§. 4.

Man sehe und und höre doch, ob sich der Triton oder die gröſſere Quart, wie auch die kleineſte oder verminderte Quart nicht eben wie freye Conſonanzen aufführen? Sie ſind zwar ſtrenge Junkern, allein ihren Adel vertheidigen ſie rechtſchaffen. Conſoniren ſie gleich ſchlecht, ſo führen ſie ſich doch wie freye Conſonanzen auf, und ihre Dienſte, wenn ſie recht angebracht werden, ſind gut. Die Natur hat ſie nicht feiner gebildet. Was fragt der General darnach wie der Soldat gebildet ſey, wenn er nur ſeine Dienſte gut verſiehet. Laßt es ſeyn, daß ſie bey Bindungen oft wie Diſſonanzen tractiret werden, und zwar ſo wohl die falſchen als die reinen; gehet es doch denen Quinten, Terzen und Sexten, ja ſelbſt den Octaven auch nicht beſſer, deßwegen bleiben ſie doch Conſonanzen. Man will ſie zwar, wenn ſie gebunden erſcheinen, nicht Quarten ſondern Undecimen tituliret wiſſen, allein es braucht dieſer Vorſichtigkeit nicht, ſonſten müſte man ſie auch mit der Zahl 11. andeuten, welches ja nicht geſchiehet, zum wenigſten ſelten.

§. 5.

Wer die Quartenaccorde wohl in die Fauſt bringen will, der ſpiele das Exempel Linea 3. 4. 5. Tab. V ſechs mahl, und alle mahl einen Ton höher, ſo wird er durch alle 12. Dur- und alle 12. Molltonarten kommen, und kan dabey den Sexten- und Hauptaccord brav exerciren. Will dirs, geliebter Freund, nicht gleich gerathen, ſo nimm dir die Mühe, und ſchreibe es noch 5. mahl hin, und alle mahl einen Ton höher. Das erſte mahl iſt dirs vorgeſchrieben; das andere mahl zeichne fis und cis, das dritte mahl fis cis gis dis, das vierdte mahl ♭h ♭e ♭a ♭d ♭g ♭c; das fünfte mahl ♭h ♭e ♭a ♭d; das ſechſte mahl ♭h ♭e vor, ſo wirſt du mit dem ſechſten mahle glücklich wieder nach Hauſe kommen. Glück auf die Reiſe!

Cap. IX. Von der ungebundenen Septime

Das neundte Capitel.
Von der freyen ungebundenen Septime, und denen von ihrem Satze abstammenden Sätzen.

§. 1.

Die Quintharmonie, so wohl der harten als weichen Tonart liebet die kleine Septime, welche mit der Quint des Duraccords eine kleine Terz ausmacht. Diese Septime führet sich, wie die würcklichen Consonanzen, frey und ungebunden auf; muß aber als eine Dissonanz sich zur Auflösung bequemen, und einen halben oder ganzen Grad abwerts gehen:

```
e f e        c d e
c d c        a h a
c h c        a gs a
g g g        e e e
c G c        A E A.
7            7
```

§. 2.

Die Natur characterisiret die kleine Septime ganz besonders, denn sie ist just der siebende Klang, welchen jeder, zu mahl tiefer Ton, bey sich führet.

Z. E.   G g d g h d f
   $1 : 2 : 3 : 4 : 5 : 6 : 7.$

Wenn die Natur die Hauptconsonanzen gegeben hat, so giebt sie mit der siebenden Zahl die erste Dissonanz, und mit solcher durch die Versetzung noch 3. andere dissonirende Sätze, wie bald erhellen wird.

§. 3.

Die Natur liefert sie zwar mit der Zahl 7 noch etwas unlauter, und es hangen gleichsam noch Schlacken daran, denn sie ist etwas zu tief, sie zeiget uns aber auch den Ort, wo sie hingehöret, nemlich auf den vollkommenen harmonschen Dreyklang, zur harten oder männlichen Harmonie.

§. 4. Die

und ihren Abſtammlingen.

§. 4.

Die Natur giebt durch die ſiebende Zahl, und durch die auf dem harten Dreyklange befindliche kleine Septime auch Gelegenheit zur Fortſchreitung von einem Satze zum andern, folglich zur Melodie. z. E.

```
 −b   −a  =c  −h  =d  =c  =f  =e
 ♭7       7       7       7
          x       x
 c    f   d   g   e   a   g   c.
```

§. 5.

Wird dieſer Satz der kleinen Septime eben auf die Weiſe verſetzt, wie wir oben mit dem Hauptaccorde gethan haben, ſo kommen, wie geſagt, von ſolchen 3. andere her: z. E.

```
 7  f  | 6  g  | 6  h  | 6  d
 5  d  | 5  f  | 4  g  | 4  h
 3  h  | 3  d  | 3  f  | 2  g
 1  G  | 1  H  | 1  d  | 1  f.
```

Im erſten wird die Quint, im andern die Terz, und im dritten der Baß als diſſonirend betrachtet.

Das Exempel Tab. V. Lin. penultimæ et ultima wird dieſes deutlicher machen.

§. 6.

Es führet ſich ſo wohl dieſe Septime auf der Quintharmonie, als auch ihre Abſtammlinge frey und ungebunden auf, müſſen aber alle drey, gleich wie die Septime einen halben oder ganzen Grad abwerts gehen, welches man reſolviren nennet. Im erſten abſtammenden Satze wird die Quint durch die Sext, im andern die Terz durch die Quart, und im dritten der Baß durch die Secund zur Diſſonanz gemacht. Man merke ſich hierbey an, daß wo $\frac{5}{3}$ über einer Note ſtehen, die 6. noch darzu gehöre, und wo der Triton 4+ allein über einer Note ſtehet wird die 2. und 6. noch darzu genommen.

§. 7.

Will man alle Geſtalten der kleinen Septime ſehen, ſo darf man nur über die Tab. I. befindliche Quinten noch eine kleine Terz ſetzen, ſo wird man ſie haben.

§. 8.

Kehret man die kleine Septime um, so wird eine grosse Secund daraus. Es sind also die Secunden im Grunde der Harmonie nichts anders als umgekehrte Septimen, und daher koint es, daß ein Abstammling von ihren Satze die Secund zu Wege bringt. Mit dem Triton so sie, die Secund, zu sich nimmt, hat es also ganz eine andere Bewandtniß als mit dem Triton, oder grössern Quart, so beym ersten Neben-Hauptaccord h d f h zum Vorschein kam. Jener hat keine Secund bey sich, wohl aber dieser. Zur Ubung dieser kleinen Septime und ihrer Abstammlinge dienet Tab. VI. Fig. I.

Das zehende Capitel.
Von der freyen ungebundenen None, und ihren Abstammlingen.

§. 1.

Die None frey, ungebunden? Ja. Das ist ja was neues? Ach nein; Die Natur hat sie schon längst herbor gebracht, man hat sie nur noch nicht gekannt. Woher entstehet diese? Etwa wenn unter den Satz der Septime noch eine Terz kriechet, wie Mr. Rameau und mit ihm Mr. Marpurg gelehret haben? Ach nein. Das wäre ein schlechtes Fundament der None, so wohl der freyen als auch der gebundenen; sondern diese freye ungebundene None steiget über die Septime, so sich über der Quintharmonie beyderley Tonarten befindet, hinauf, und zieret, gleich wie ein schöner vergüldeter Knopf, das harmonische Gebäude derselben. Ihr Grund ist die Basis der Quintharmonie. Ein sicherer Grund. Sie braucht keines Unterschiebens, oder Zusammenschiebens, sonst wäre es eben, als erst das Haus in die Luft bauen, und so dann erst den Grund legen wollen. Just so machts Herr Marpurg, welcher, von Mr. Rameau verführet, in seinem Handbuche beym Generalbasse S. 34. also schreibet:

„Der Accord der None entspringet aus dem Zusatz eines fünften Tons
„in der Entfernung einer Terz, unter dem Basse des Septimenaccords:

und ihren Abstammlingen

```
a  | a
f  | f
d  | d
h  | h
   | g
```

Das ist eben so viel gesagt, als wenn einer lehren wolte: Der Hauptaccord c e g c entspringet (man mercke sichs, entspringet) aus dem Zusatz einer Terz zum Sextenaccord e g c. Heißt das nicht von oben herein bauen?

§. 2.

Nun wie blitzet denn unser schöner Nonenknopf auf dem Gebäude der Quintharmonie beyderley Tonarten. Fig. 2. Tab. VI. Kriechet da der Baß unter den Septimenaccord, oder steiget die None über den Septimenaccord hinauf?

§. 3.

Mehr als tausend Beyspiele von unsern dermahligen grossen Tonmeistern könte ich allhier zum Beweise anführen, wenn ich mich in Weitläuftigkeiten einlassen wolte. Nur eins; Man besehe ein mahl das Duetto in der Opera Angelica e Modoro, Dimmi una volta addio, unsers seligen Herrn Capellmeister Grauns, so wird man zu unterschiedenen mahlen unsere freye ungebundene None über die Septime hinauf gestiegen erblicken. Ich muß nur etwas daraus beyfügen. Man besehe Fig. 3. Tab. VI. Dem Generalbaßisten pfleget man sie selten vorzuschreiben; Er thut genug, wenn er nur den Hauptaccord, worauf sie erbauet ist, und etwa zum Überfluß die dabey befindliche Septime anschlägt; denn der Generalbaß soll eben nicht glänzen, sondern ein tüchtiges Fundament abgeben.

§. 4.

Dieser Nonensatz ist der wahre Grund so wohl von dem Satz der kleinesten Septime, als auch der kleinen Septime, und ♩ ♩ ♩ ♩, und aller derer Sätze so von ihnen durch die Versetzung abstammen; und daher kommt es auch, daß sich diese Art von Septimen, nebst ihren Abstammlingen, frey und ungebunden aufführen. Nur ist dabey zu mercken, daß sich das wahre Fundament derselben oftmahls der Herrschaft begiebt, und solche ihrer Terz überläßet. Mich besser zu verstehen dienet Fig. 4. Tab. VI.

§. 5. Der

Cap. X. Von der freyen ungebundenen None,

§. 5.

Den Gebrauch dieser freyen und ungebundenen Septimensätze und ihrer Abstammlinge wird Fig. 5. Tab. VI. etwas bekandter machen. Die Praxis weiset sehr viele Beyspiele davon auf. Der dritte Theil meines Vorgemachs handelt ausführlicher von allen diesen Sätzen, dahin ich den geneigten Leser verweise.

§. 6.

Zu merken ist 1.) daß in der weichen Tonart die von dieser kleinesten Septime abstammende grosse Sext mit der kleinern Quint. 2.) die grössere Quart mit der kleinen Terz eine übermäßige 4 ausmachen, 3.) daß diese 4 beym letztern Abstammlinge über dem Basse erscheine, denn eine kleineste Septime gibt in der Verkehrung eine grössefte oder übermäßige Secund.

§. 7.

Diese freye und ungebundene None verdienete mit ihren 4 Abstammlingen wohl ein eigen Cirkelexempel, damit diese Sätze in allen Tonarten mehr kenntbar würden. Wir wollen sehen wie es gerathen will. Siehe Fig. 6. Tab. VI. Wer Lust und Geduld hat dieses Exempel fünf mahl zu wiederhohlen, und allemahl einen Ton höher, den wird es durch 24. Tonarten führen.

Das möchte nun auch genug seyn von der freyen ungebundenen None, Septime und ihren Abstammlingen, als dissonirenden Quinten, Terzen und Grundnoten. Dieses einzige ist noch anzumerken, daß der freye ungebundene vom Satze der freyen None abstammende Accord der kleinen und kleinesten Septime auch auf der mit ✕ oder ♭ erhöheten Quart beyderley Tonarten Platz finde, zum Exempel im C dur auf dem ✕f, und im A moll auf dem ✕d; doch ist in solchem Fall ein Übergang aus der Grundharmonie in die Quintharmonie dabey vermacht. Ja man löset so gar die gebundene None und Quart mit dieser Septime auf. Z. E.

f⌒f	c	d	d⌒d	c	h
d⌒d	c	h	h⌒h	a	gs
h	c	fs	g	gs	a	ds	e.
6	9	7	6	9	7
5	4		5	4	✕

§. 8. Ob

und ihren Abstammlingen.

C. 8.

Ob ich gleich hier nicht von gebundenen Dissonanzen und deren Auflösung handele, so kan doch nicht umhin, unsere scharfsinnige Kritiker zu fragen, ob die Auflösung der None und Quart durch den freyen ungebundenen Septimenaccord nicht Gelegenheit gebe, die gebundene Quart auch einen kleinen halben Ton über sich aufzulösen?

f ⌒ f	e	d	f ⌒ f	fs	g	d ⌒ d	c	h	d ⌒ d	ds	e
d ⌒ d	c	h	d ⌒ d	c	h	h ⌒ h	a	gs	h ⌒ h	a	gs
g	g	a	h	g	g	a	d	e	e	fs•gs	e	e	f	h
H	c	Fs	G H	c	A G	gs	a	ds e	gs	a	f	e
6	9	7	6	9	6†	6	9	7	6	9	6†
5	4		5	4	3	5	4	✕	5	4	✕

Es ist eine Ellipsis dabey vermacht.

Das eilfte Capitel.

Von denen gebundenen Septimen, und ihren Abstammlingen, als gebundenen Quinten, Terzen und Grundnoten.

§. 1.

Die gebundenen Septimen, die kleineste, die kleine und grosse, haben bey allen Arten der Hauptaccorde, reinen und falschen, eigentlichen und uneigentlichen statt. Die kleineste und kleine habe schon bekannt gemacht, die grosse liegt eine grosse Terz über der reinen Quint.

§. 2.

Der Klang, oder Note, welcher eine gebundene Septime, Quinte, Terz oder Grundnote abgeben soll, muß allemahl schon vorhanden, und eine consonirende Note gewesen seyn, und entstehet also durch die Vermischung, von welcher in nechst kommenden Capitel ein mehrers. In welcher Stimme er nun ist, ehe er gebundenen wird, in solcher muß er auch bleiben, und hernach aufgelöset werden, und zwar mehren Theils abwerts.

§. 3. Jede

Cap. XI. Von denen gebundenen Septimen.

§. 3.

Jede Stufe der Tonleiter, so wohl der harten als weichen Tonart, und also jeder darauf befindliche Dreyklang leidet eine gebundene Septime über sich, welche so dann durch die Versetzung zur gebundenen Quint, Terz, oder Grundnote werden kan.

§. 4.

Der von der gebundenen Septime abstammende Satz der gebundenen Terz wird nicht so oft gebraucht als die übrigen zwey abstammenden Sätze, zumahl wenn sich die kleine Sext bey solchen befindet; und das kommt daher, weil man die Quart, so dabey ist, als eine Dissonanz angesehen hat, da sie doch im Grunde nichts anders ist als eine umgekehrte Quint, wie sie es in allen consonirenden Quartenaccorden ist.

§. 5.

Will man alle mahl die Terz und Quint bey der Septime haben, so muß es mit fünf Stimmen geschehen, und da kan man auch noch die Octav darzu nehmen. Bey der Auflösung der Septime findet sich oftmahls eine neue Septime die aber in Arsi, oder auf eine innerlich kurze Note fällt. Man sehe Tab. VII. Fig. I.

§. 6.

Will man aber nur vierstimmig spielen oder setzen, so muß die Quint oftmahls weg bleiben, und die Octav dafür genommen werden. Fig. 2. Tab. VII.

§. 7.

Nun wollen wir auch sehen, was vor gebundene Quinten, Terzen und Grundnoten von denen Sätzen der gebundenen Septime abstammen, und zwar wollen wir vor erst die Septimen auf den beyden reinen Hauptaccorden vornehmen. Fig. 3. 4. 5. 6. Tab. II. Man wird finden, daß die gebundene Note, bald im Discant, bald im Alt, bald im Tenor, bald im Baß sey. Jm Baß aber alle mahl wenn er gebunden ist. In welcher Stimme die Bindung ist, in solcher muß auch die Auflösung geschehen.

§. 8.

Der erste Neben-Hauptaccord mit der kleinern Quint und kleinen Terz
h d f

und ihren Abstammlingen.

h d f lautet fast schöner wenn er eine Septime bey sich hat, als wenn er nur mit der Octav erscheint. Er hat so wohl in der harten als in der weichen Tonart statt; seine Abstammlinge sind alle 3. gar brauchbar. S. Fig. 7. 8. Tab. VII.

§. 9.

Der andere Neben-Hauptaccord, mit der kleinern Quint und grossen Terz, h ds f, wird auch oftermahls von der Septime begleitet, und seine 3. Abstammlinge sind wohl zu brauchen, zu mahl wenn etwa Marter, Angst, Verzweifelung u. d. g. vorzustellen ist. Fig. I. Tab. VIII. Die übermäßige Sext, die hier nebst der Terz auch den Triton bey sich hat, ist gar geschickt hier zu. Daß die gebundene Note in allen 4. Stimmen seyn könne, ist leicht zu ermessen.

§. 10.

Der dritte Neben-Hauptaccord mit der übermäßigen Quint leidet auch eine gebundene Septime, und zwar die grosse. Seine 3. Abstammlinge können zu rechter Zeit gute Dienste leisten. Fig. 2. Tab. VIII. wird sie darstellen. Diese Septime läßt sich auch über sich auflösen. Fig. 3. Tab. VIII.

§. 11.

Zur Ubung der gebundenen Septime und ihrer Abstammlinge, will ich ein Exempel geben, das durch den Cirkel gehet. Man kan sich auch dabey auf der Violin üben. Fig. 4. Tab. VIII. weiset es auf.

Also ist ohne allen Widerspruch die Septime der Ursprung 1.) von der dissonirenden Quint, welche mit der ihr so nahe tretenden Sext eine Secund, oder wenn die 6. unter der 5. stehet, eine Septime ausmacht. 2) von der dissonirenden Terz, welche mit der ihr so nahe tretenden Quart abermahls eine Secund, oder umgekehrt eine Septime ausmacht; und 3) von den dissonirenden Grundnoten, welche eine 2. über sich haben, und die nichts anders sind, als umgekehrte Septimen. Dieses stehet fest, und ist also keinesweges eine aufgewärmte Grille des Rameau.

§. 12.

Die Septime wird nicht allemahl in die Terz aufgelöset, sondern sie kan auch aufgelöset werden I.) in die Quinte, wenn der Baß eine Secunde steigt.

30 Cap. XI. Von der gebundenen Septime,

steigt. Der Ort dazu ist 1.) wenn die Quintharmonie, so mit einer 7. versehen ist, in die Sextharmonie gehet. Z. E.

```
7   5     7   5
g   a  |  g   as
```

2.) Wenn sich eine 7. auf der Septharmonie befindet. Z. E.

```
7   5     7    5
H   c  |  Gis  A
```

Herr Marpurg hat von diesen Auflösungen ganz wohl geschrieben.

II.) In die Sext, und zwar in die kleine, grosse und grösseste, wenn der Baß ihre Auflösung abwartet. Kommen viel dergleichen Septimen nach einander, so fertiget man sie gerne dreystimmig in Begleitung der 3. ab, wobey so wohl die 7. als 3. in der obern Stimme seyn können. Z. E.

```
f̄ ! f  e ! e  d ! d  c  |  c̄ ! c  h      a      g
c    h      a      g   |  f ! f  e ! e  d ! d  e
a    g      f      e   |  a    g     f      e
7 6     7 6     7 6    |    7 6    7 6    7 6
```

Soll es vierstimmig geschehen, und die 5. dabey seyn, so muß die 5. der 6. aus dem Wege gehen, und die 3. verdoppeln, oder es wird die 3. verdoppelt, und mit der 8. abgewechselt, da denn die 5. gar nicht zum Vorschein kommt.

Z. E.
```
ē ! e  d ! d  c ! c  h  |  ē ! e  d ! d  c ! c  h
a    a     g     f   f  |  a    f     g     e   d
c    a     h     g   d  |  a    a     g     f   f
f    f  |  e     e ! e d|  f    f  |  e     e ! e d
  7 6    7 6    7 6     |    7 6    7 6    7 6
```

Bleibt aber die 5. liegen, indem die 7. in die 6. aufgelöset wird, so muß sie alsdenn wie eine andere gebundene 5. tractiret werden, doch mit dem Unterschied, daß sie sodann in Arsi und ihre Auflösung in Thesi zu stehen kommt.

Z. E.
```
    ē ⌒
    e  |  e   d  |  d
    c     c   -     h
    g     a         g
    c     f      |  g.
    7 6
    5 -
```

Wird

und ihren mancherley Auflösungen.   31

Wird die 7. in die grösseste 6. aufgelöset, so hat sie so wohl 3. und 5. als auch 3. und 4+ bey sich, Z. E.

```
ē ⌒ e   ds | e  --    e ⌒ e   ds | e
c   c    -  | c    h    h   h         h
a   a    -  | a   gs   gs   a        gs
e   f    -  | e         e   f         e
  6 5          6 5       7 6+       
  4   7 6+     4 𝄪    𝄪   4       𝄪
                         3
```

Die Auflösung der 7. in die 6. entstehet nicht allezeit aus der Auflösung in die Octav, sondern weil der Baß, der eine 5. fallen, oder eine 4. steigen solte, liegen bleibt, und ihm statt eines Hauptaccords mit der 7, dessen zweyter Abstammling gegeben wird. Z. E.

```
ē ⌒ e | d | d  c ⌒ h | c    e ⌒ e   d | d  c ⌒ c   h | c
c   H   e   A   d   G   c    e   f    f   e   e   d   d   c
7   7   7   7   7   7        7   6    7   6   7   6
                4                4        4        4
                3                3        3        3
```

Die Auflösung die 7. in die 8. bey fallender Terz im Basse wäre fehlerhaft, wenn sie nicht durch eine Wechselnote, wovon künftig, gut gemacht würde. Z. E.

```
        a ⌒ a     g
        fs   d     --
        c    h     --
        A  | H     A     G
        6+   7
```

III) Wird die 7. auch in eine andere 7. aufgelöset, wenn der Baß eine Stufe abwerts gehet, wie ich bereits in dem Vorgemach gelehret habe. Herrn Marpurgs Exempel sind in diesem Fall auch gut. Z. E.

```
d | g   fs  ||  g | a   g   ||  d | e   dis | e
  7     7       b   7   7         7    7    𝄪
                𝄪       b              𝄪
```

IV. Kan der Baß bey der Auflösung der 7. auch eine Stufe steigen, oder eine kleineste 7. fallen, in welchem Falle man die 7. in eine falsche 5. auflöset. Z. E.

```
        d ⌣ d     c    |  d | d    c
        g   e     fs      d   es   Fs
        b   7     6       𝄪   7    6
                  5                5
```

V.) Wird

Cap. XI. Von denen Auflösungen der Septime,

V.) Wird die 7. auch in einen Triton aufgelöset, wenn der Baß an statt einer 4. nur eine 3. steiget, wobey eine Vorausnahme vermacht ist, z. E.

```
   c ↓ c   h | c        vor dem f könte ein g
   c   d   f   e        hergehen.
   7   4   6
```

VI.) An statt die 7. bey liegenbleibender 5. in die $^6_5$ auflöset, wird diesem $^6_5$ Satze sein ihm nechst verwandter $^4_3$ Satz substituiret, z. E.

```
         e ⌒ e   d           e ⌒ e   d
an statt  a    fs     stehet   a    fs  a
         7     6                7    6+
               5                     4
                                     3
```

VII.) Dem $^6_5$ Satze, in welchen die 7 öfters aufgelöset wird, wird auch wohl sein ihm am nechsten verwandter Secundensatz substituiret, und also die 7. in eine 2. aufgelöset, z. E.

```
         f ⌒ f   e           f ⌒ f   e
an statt  g    gs    stehet   F   G   d
         7     6              7      4†
               5
```

§. 13.

Die grosse Septime auf der Grundnote oder Harmonie, in beyderley Tonarten, löset sich gern über sich. Das heißt: Das mi strebt nach dem fa.

```
z. E.   h ↓ h   c | gis ⌒ gis   a
        g   c       e        A
        7   8       †7       8
```

Sie kan es auch thun, wenn sie die übermäßige 5. bey sich hat, z. E.

```
         h ⌒ h    c
         gs       a
         e        e
    e  |  c    —  oder a
         7        8
         5†       6
```

§. 14.

Daß der Baß bey dieser über sich auflösenden Septime die Auflösung nicht abzuwarten, sondern sich so wohl über sich als unter sich bewegen könne, ist

und ihren mancherley Auflösungen.

ist etwas neues, welches eher Beyfall erhalten wird, als die Lehre vom Ursprung der 4. 9. und 13. durch das unterschieben der Terzen und Quinten unter den Septimenaccord.

Der Baß kan also bey der über sich auflösenden 7. eine Terz steigen, oder eine Sext fallen. Z. E.

```
h ↑ h     c       h ↓ h     c
g   c     e       g   c     E
    7     6           7     6
```

Er kan auch eine 2. 3. oder falsche 5. fallen:

```
h ↑ h     c   | h ↑ h     c   | h ↑ h     c
g   g     g   | g   g     a   | g   g     a
f   f     e   | f   f     e   | f   f     e
G   c     B   | G   c     A   | G | c     Fs
7   7     7   | 7   7     3   | 7   7     5
4   4+        | 4             | 4         ♭
```

Diese drey Sätze sind eine Vermischung der Quint- und Grundharmonie, bey deren Auflösung eine neue Vermischung geschiehet, weil der Baß die Auflösung nicht abwartet.

Diese grosse Septime auf der Grundharmonie kan auch chromatisch in die kleine 7. aufgelöset werden, wobey der Baß entweder liegen bleiben, oder einen chromatischen halben Ton, c cis, oder auch eine 3. steigen kan:

```
h ↑ h     b   | h ↑ h     b   | h ↑ h     b
g   g     g   | g   g     g   | g   g     g
f   f     e   | f   f     e   | f   f     e
G | C     C   | G | C     Cis | G | C     E       d
7   7     ♭7  | 7   7     ♭7  | 7   7     ♭5
4   3         | 4   3         | 4
```

Ein mehrers von dieser über sich auflösenden Septime wird weiter hin vorkommen.

§. 15.

Unter die über sich gehenden Auflösungen der 7. gehöret auch folgende, da die 7. in die übermäßige Sext verwandelt wird, weil der Baß einen halben Ton steiget;

E   d ↑ d

d ↑ d	dis	e
h	h	h
gs	a	gs
e	f	e
7	6†	×

Von durchgehenden Septimen.

§. 16.

Zum Beschluß dieses Capitels wollen wir noch etwas von denen durchgehenden Septimen sagen, welche nicht aufgelöset werden, sondern liegen bleiben, biß aus der 7. bey höher steigenden Baße eine 6. oder bey tiefer fallenden Baße eine 8. wird. Sie leidet auch zwey Verkehrungen, da in der ersten aus derselben eine durchgehende 2. mit der 4, aber ohne 6, bey liegen bleibender Quint oder Octav, und in der andern eine mit der 6. dissonirende 5. daraus wird. S. Fig. 1. Tab. IX. Eben also verfähret auch die weiche Tonart.

§. 17.

Diese durchgehende Septime und ihre Abstammlinge stehen auch wohl in Thesi, auf einer innerlich langen Note. Sie unterscheidet sich auch von der Septime, bey welcher auch die vorhergehende Quint und Terz liegen bleiben, welches Verfahren man mit einem — andeutet.

Das zwölfte Capitel.
Von der Vermischung der Harmonien.

§. 1.

Nachdem wir nun so wohl den freyen als auch den gebundenen Gebrauch der Septime und ihrer Abstammlinge verstehen, und auch mit der freyen und ungebundenen None und ihren Abstammlingen umzugehen wissen; so müssen wir uns vor allen andern nach der gebundenen Quarte und gebundenen None umsehen, woher solche entstehen, und durch was vor Gelegenheit sie ins Reich der Harmonie gelangen,

§. 2. Ich

Cap. XII. Von der Vermischung der Harmonien.

§. 2.

Ich habe solche in dem dritten Theile meines Vorgemachs der musikalischen Composition von zweyerley Sätzen der Septime hergeleitet; die Quarte von einer am obern Ende gebundenen Septime, welche vor einem Quartenaccorde, oder auch vor einem Abstammlinge des Septimenaccordes auf der Quintharmonie hergehet:

```
c ⌢ c  h  c  │  c │ c  h  c
g   g  g  g  │  g │ g     g
e   d  c  c  │  e │ d     e
c │ d     e  │  c │ g     c
    7 6            4 3
    4
```

```
c ⌢ c  h  c  │  c ⌢ c  h  c
g   g  g  g  │  g   f     e
e   f  e  e  │  c   d     c
c │ d     c  │  c │ g     c vel a.
    7 6            7 4 3
    4 3
```

Und die None von der am untern Ende gebundenen Septime, die ihren guten und richtigen Grund in der Harmonie hat:

```
h │ c    d ⌢ d  c   │  c │ d      │  e │ e  d
g   g    g   g      │  g   h      │  c   h
f   e    f   e  e   │  e   f      │  g   f
d ⌢ d  c H     c    │  e ⌢ c  d   │  c   d
    7 4      6   9 8       7 5        9 6
    2                      3         2
```

Ich kan aber aus Liebe zur Wahrheit nicht umhin zu bezeugen, daß die Septime mehr eine gute Stiefmutter der gebundenen Quarte (andere nennen sie zum Unterschied der consonirenden Quarte eine Undecime) und None sey, als eine wahre und natürliche Mutter; und daß ich sie nur um der Methode willen von den Sätzen der Septime hergeleitet habe, bey welcher Methode weder der Generalbaßist noch Componist etwas verlieret, wenn er sie auch gleich vor eine eigentliche Mutter derselben hielte, denn die

E 2   Septime

36   Cap. XII. Von der Vermischung der Harmonien.

Septime ist und bleibt doch die erste Dissonanz welche die Natur hervorbringt, wie oben gezeiget worden. (*)

§. 3.

Die Gelegenheit zu dieser Methode gab die kleine Generalbaßschule Herrn Matthesons, in welcher S. 199. §. 7. gemeldet wird, daß Mr. Rameau, ein Franzmann, in seinem Traité de l'Armonie, die Septime zur Mutter aller Dissonanzen machen wolle. Ich dachte der Sache nach, und ohne solchen Tractat gesehen, vielweniger gelesen zu haben, fand ich, daß es eine gute Methode abgäbe, den Gebrauch aller Dissonanzen aus diesem Grunde zu lehren. Es fand auch diese Lehre guten Beyfall, wie solches mit vielen Briefen ꝛc. könte bewiesen werden.

§. 4.

Ich finde aber einen grossen Unterschied unter meinem und dem Rameauischen System. Mr. Rameau, und mit ihm Herr Marpurg, leiten die None, Undecime oder dissonirende Quart, und Herr Marpurg ins besondere auch eine Terzdecime auf eine verkehrte und unnatürliche Art, nicht durch die Versetzung eines oder des andern Septimen-Satzes, wie ich gethan habe, sondern durch das Unterschieben einer, zweyer, ja dreyer Terzen, unter einen Septimenaccord her, und wollen dadurch 1.) einen Nonenaccord, 2.) einen Undecimenaccord, und 3.) gar einen Terzdecimenaccord, und mit ihnen einen Haufen andere Sätze hervor bringen, wie der erste Theil des Marpurgischen Handbuchs besagt; z. E.

7.	a	Ein Septimensatz, und noch darzu einer, dessen Septime
5.	f	sich auf eine unvollkommene Quinte, h f, gründet, soll
3.	d	der Ursprung seyn, von einem Nonenaccorde, von einem
1.	h	Undecimenaccorde, und endlich auch von einem Terzdecimenaccorde; allein der Vater oder Basis des Nonenaccords

---

(*) Ich argumentire daher also: welche Dissonanz die erste ist, und von deren Sätzen alle andere dissonirende Sätze hergeleitet werden können, dieselbe kan die Mutter aller Dissonanzen genennet werden. Von der Septime kan dieses gesagt werden, denn selbst die Natur giebt sie am ersten unter allen Dissonanzen mit dem Verhalte 1 : 7 und es können auch alle andere dissonirende Sätze von ihren Sätzen hergeleitet werden. Derohalben kan man die Septime die Mutter aller Dissonanzen nennen. Dieses kan von keinem andern Intervall gesagt werden.

Cap. XII. Von der Vermischung der Harmonien.

accords soll entspringen, (man merke sich das entspringen) von dem Vater des Septimenaccords, und der Vater des Undecimenaccords soll entspringen von dem Vater des Nonenaccords, und der Vater des Terzdecimenaccords soll entspringen von dem Vater des Undecimenaccords, nicht in aufsteigender, sondern in absteigender Linie, wider alle Natur und Vernunft. Z. E.

7. ā	9. ā	11. ā	13. ā
5. f̄	7. f̄	9. f̄	11. f̄
3. d̄	5. d̄	7. d̄	9. d̄
1. h	3. h	5. h	7. h
	1. g	3. g	5. g
		1. e	3. e
			1. c

Dieser Baum wächst nicht über sich in die Höhe, sondern unter sich.

Im ersten, als im Septimenaccorde, ist h der Vater oder Basis von einem unvollkommenen Neben-Hauptaccorde, und folglich auch von einem auf ihm ruhenden unvollkommenen Septimenaccorde. Eben kein gar zu gutes Fundament. Dieser Vater h wird im Nonenaccorde g h d f a, der Sohn, und g wird der Vater, denn er kan eine Terz tiefer singen als h; Dieser Vater h wird im Decimenaccorde der Enkel, g wird der Sohn, und e wird der Vater, denn er kan wiederum eine Terz tiefer singen als g; Dieser Vater h, die Basis der fruchtbaren Septime, wird nun der Urenkel, g der Enkel, e der Sohn, und c der Vater, denn er kan abermahl eine Terz tiefer singen als e. Ist das nicht eben so, als wenn man sagte: Cainan zeugete Enos, Enos zeugete Seth, Seth zeugete Adam?

Lieben Freunde, Väter und Brüder, lachet nicht! c e g h d f a soll ein Accord seyn! Warum nicht lieber das ganze Clavier, oder eine ganze Orgel einen Accord genennet? Da hätte man hernach das auslesen, und könte noch mehrere Sätze davon herleiten. Zwar Herr Marpurg scheinet nicht übel Lust darzu zu haben, denn so schreibt er im ersten Theil seines Handbuchs p. 46. „Es wäre vielleicht nicht unmöglich, alle zwölf halbe Töne der Musik in einem „einzigen Satze dem Auge vorzustellen. Aus diesem papiernen Satze könten „alsdenn noch sehr viele annoch unbekannte und fremde drey- vier- fünf- sechs- „und siebenstimmige Zusammenstimmungen gezogen werden, (ich verlange sie „nicht zu hören.) Allein, (recht so!) kan man nicht dieser annoch unbekannten „Zusammenstimmungen (lieber Zusammenheulen) entbehren, und würde ein „gesundes

Cap. XII. Von der Vermischung der Harmonien.

„gesundes und an die Regeln der guten Fortschreitung gewöhntes Ohr damit
„zu frieden seyn?

§. 5.

Ich sage von ganzen Herzen vors erste Ja und dann auch Nein, und erkenne weder den so genannten Undecimen- noch den Terzdecimenaccord vor Grundaccorde, sondern vor eine Vermischung zweyer Accorde, und was den Terzdecimensatz betrift, vor eine Vermischung eines Nonensatzes, mit einem andern Accorde.

§. 6.

Nehmet die Quintharmonie mit ihrer freyen oder gebundenen Septime, oder den so genannten Septimenaccord auf der Dominante entweder in der harten oder weichen Tonart, und vermischet ihn mit der Grundharmonie, so so werden nicht nur die gebundene Quarte und None gleichsam als Zwillinge, sondern auch eine gebundene grosse Septime, welche über sich aufgelöset zu werden verlanget, hervorkommen. Ja es wird sich auch eine Vorausnahme der Terz ꝛc. melden, in welche sich die gebundene Quart auflösen muß; S. Fig. 2. Tab. IX.

§. 7.

Man siehet allhier leicht, daß, wenn man nur 4. stimmig setzen oder spielen will, die Grundharmonie ihre Terz weglassen könne, weil die Quintharmonie ihre Septime, welche durch die Vermischung zur Quart geworden, in dieselbe auflösen muß. Fig. 3. Tab. IX.

§. 8.

Also kan die Septime oder ihre Abstammlinge die dissonirende Quint oder Terz durch die Vermischung zur Quart werden, gleichwie sie auch zur None wird, wenn die Grundharmonie in ihren Sextenaccorde erscheinet. S. Fig. 4. Tab. IX.

§. 9.

Stellet aber die Grundharmonie ihre Quint zum Grunde, so löset die Quintharmonie ihre Septime in eine Sext oder in einen Quartenaccord auf.

Cap. XII. Von der Vermischung der Harmonien.

```
=f ⌣ f    e       =d ⌣ d    c
=d ⌣ d    c       —h   h    a
—h   g    —       —gs  e    —
 g   g    —        e   e    —
     7    6            7    6
     5    4            ♮    4
```

§. 10.

Gehet die Quintharmonie ohne ihre Septime in die Grundharmonie, so kan aus der Quint der Quintharmonie eine None werden. Diese Quintharmonie aber kan sich so wohl in ihrem Hauptaccorde, als auch in ihren Sextenaccorde sehen lassen:

```
=d ⌣ d    c    | =d | e
—h   g         | =d ⌣ d    c
—g   c         |  g   g
 G   c         |  H   c
     9 8       |      6  9 8
```

§. 11.

Gleiche Bewandtniß hat es, wenn die Grundharmonie in ihre Quartharmonie gehet, so kan durch die Vermischung die Quint der Grundharmonie zur None werden:

```
=c |  —a
—g ⌒  g    f
—e    e
 c    f
      9 8
```

§. 12.

Gehet aber die Grundharmonie in ihre Quintharmonie, so kan durch die Vermischung die Octav der Grundharmonie zur Quart werden:

```
c ⌒ c    h
g   g
e   d
c   g
    4 3
```

§. 13. Ver-

Cap. XII. Von der Vermischung der Harmonien.

§. 13.

Vermischet die Quintharmonie mit dem Baße der Grundharmonie, welcher schon vor der Vermischung vorhanden ist, so entstehet die anschlagende 7. mit 2. 4. 5. oder auch mit 2. 4. und 6. Fig. 5. Tab. IX. Diese 6. ist im Grunde nichts anders als die über die 7. hinauf steigende 9. auf der Dominante oder Quintharmonie.

§. 14.

Die Vermischung hat bey mancherley Harmonien statt, und vornehmlich kommt durch solche die gebundene 4. und 9. hervor. Fig. 6. Tab. IX.

§. 15.

Alle diese Quarten und Nonen werden durch den Septimenaccord oder Septimensatz vorbereitet, aber sie entspringen nicht von demselben, und ob schon die 4. und 9. aufgelöset werden, so ist doch allemal eine neue 7. vorhanden.

§. 16.

Vermischet man in der weichen Tonart die Terz der Quartharmonie mit der Quintharmonie, so entstehet eine kleine None; und dieses ist die None, welche auch frey und ungebunden über die Septime der Quintharmonie hinauf steiget. S. Fig. 7. Tab. IX.

§. 17.

Allhier siehet man den wahren Grund und Ursprung des so genannten Terzdecimenaccords:

$$\left\{ \begin{matrix} 1 & 3 & 5 & 7 & 9 & 11 & 13 \\ a & c & e & gs & h & d & f \end{matrix} \right\} \text{ oder } \left\{ \begin{matrix} 1 & 3 & 5 & 7 & 9 & 11 & 13 \\ c & e & g & h & d & f & a \end{matrix} \right\}$$

welcher keinesweges durch das Unterschieben einer Terz unter den Satz (nicht Accord) der Undecime, (den eben dieser steckt ja in dem Terzdecimensatze wie ein Septenaccord in seinem Hauptaccorde) sondern durch die Vermischung des Satzes der None auf der Quintharmonie, mit der Grundharmonie entstehet: Fig. 1. Tab. X. Man merke allhier, daß sich die zwey obersten von diesen 4. Dissonanzen, nemlich die 13. und 11. oder 6. und 4. abwerts, die zwey untersten aber die 9. und 7. aufwerts auflösen. Hier wird die gebundene 6. als eine Dissonanz tractirt.

Da

Cap. XII. Von der Vermischung der Harmonien.

Da sehen wir gantz deutlich, daß weder Nonen- noch Decimen- noch Terzdecimensatz von Unterschieben einer, zweyer und dreyer Terzen unter den Septimenaccord entspringen, sondern sie entspringen alle drey durch die Vermischung des Nonensatzes, welcher auf der Quintharmonie beyderley Tonarten ein besonder Recht hat, mit der Grundharmonie in beyderley Tonarten, und dieses eben so natürlich und ungezwungen als der Sexten und Quartenaccord vom Hauptaccorde, oder die dissonirende Quint, Terz und Grundton von dem Septimenaccorde entstehen.

§. 18.

Das vorgegebene Unterschieben, Zusammenschieben, Zusammensetzen (man weiß selbst noch nicht, wie man es eigentlich nennen soll) ist eben so unnatürlich, als wenn man ein oder mehrere Stockwerke unter den Grund eines schon erbaueten Hauses schieben wolte; oder wenn man das Hauß zum Theil in die Luft aufwerts, und so dann vollends abwerts nach der Erden zu bauen wolte; oder wenn einer sagte: Eine Familie wird vermehret, wenn sie einen Vater, Großvater und Urgroßvater bekömmt.

§. 19.

Will man den siebenstimmigen Terzdecimensatz anbringen, so müssen schon sieben Stimmen in einem Nonensatze, der auf einer harten Quintharmonie ruhet, und die Septime bey sich hat, vorhanden seyn, und alsdenn braucht es keines Unterschiebens oder Zusammensetzens, sondern einer Vermischung zweyerley Sätze oder Harmonien, nemlich der Grundharmonie und der Quintharmonie, welche nicht nur die 7. sondern auch die 9. über sich (nicht unter sich) annimmt, wie wir oben gezeiget und bewiesen haben. Läßt man aber die None weg, so entstehet aus der Septime, welche sich bey der Quintharmonie befindet, durch die Vermischung mit der Grundharmonie eine Undecime, oder wie wir sie mit der 4. anzeigen, eine gebundene Quart; Erscheinet die Grundharmonie in ihrem Sextenaccorde, so wird aus der Septime, so die Quintharmonie bey sich hat, eine None; Läßt sich die Grundharmonie in ihrem Quartenaccorde sehen, so bleibet zwar die 7. eine 7, allein die 6. in welcher sie bey liegenbleibendem Basse auflösen muß, ist schon eine Octav tiefer oder höher vorhanden, und das trägt sich oftermahls bey denen so genannten Orgelpuncten (Points d'orgue) zu; zum Exempel in Fig. 2. Tab. X. Dannenhero ist

F das

Cap. XII. Von der Vermischung der Harmonien.

das vorgegebene Unterschieben, Zusammenschieben, Untersetzen des Herrn Rameau und seiner Nachfolger ein unrichtiger Gedanke, welcher wider Natur und Vernunft streitet, und grosse Verwirrung in der Lehre von der Harmonie anrichtet.

§. 20.

Es kommen zwar durch die Vermischung eines Septimenaccordes mit dem Grundaccorde vornehmlich und hauptsächlich gebundene Nonen und Quarten (man hat nicht nöthig, sie Undecimen zu nennen) hervor; allein, das kan auch geschehen durch andere Vermischungen, wo eben keine Septime vorhanden ist. Zum Exempel: Vermischet die Quintharmonie ohne Septime mit der Sextharmonie (nicht Sextenaccorde) so kommen sie auch alle beyde hervor, Quarte und None, und über diese noch eine Vorausnahme der 3. bey gebundener 4. Fig. 3. Tab. X. Hier hat kein Unterschieben oder Untersetzen statt, sondern ein Vermischen zweyer Theile von der Quintharmonie mit der Sextharmonie, ohne daß man sagen könte, die Quarte und None entstünden von einem Septimenaccorde.

§. 21.

Hierdurch ist deutlich gezeiget worden, daß zu Hervorbringung der gebundenen Quarten (oder Undecimen) und Nonen, wie auch anderer Dissonanzen, eben kein Septimenaccord gehöre, und daß also die Septime nur durch eine Vermischung zu einer Quarte (Undecime) oder None werde, welches auch durch die Quint oder Terz eines Hauptaccords geschehen kan. Z. E. Die Quint der Quintharmonie im C dur kan durch die Vermischung mit der Grundharmonie zur None werden:

```
d ⌢ d   c
h   g
g   e
G   c
    9 8
```

So kan auch die Terz der Grundharmonie durch die Vermischung mit der Secundharmonie zur None werden;

```
−g | f
 e ⌢ e   d
−c | a
 c | d
     9 8
```

Cap. XII. Von der Vermischung der Harmonien.

Es kan auch die Terz eines Septenaccords zur Quarte werden:

```
        =e ⌒ e   ds
         a   h
         e   fs
         c   H
         6   4 ♮
```

So kan auch die Quinte eines Hauptaccordes zu einer Quarte werden:

```
   =c ⌒ c   h       =d ⌒ d   c
   —a     g         —h     a
   —f     d         —g     c
    f     g          g     a
    4 3               4 3
```

Und also kommen Quarten (Undecimen) und Nonen hervor, ohne einen Septimenaccord, oder ein Unterschieben nöthig zu haben.

§. 22.

Es ist also falsch und unrichtig, ja wider die Natur und Vernunft, wenn man den Septimenaccord, und das Untersetzen der Terzen unter denselben zum Ursprung der None, Undecime, (gebundenen Quart) und Terzdecime (gebundenen Sext) und anderer Dissonanzen machen will, sondern er dienet nur zu einer, aber nicht allemahligen Vorbereitung dieser Dissonanzen, oder zu einer Methode, den Gebrauch derselben denen Generalbaßisten und Componisten auf eine vortheilhafte Art beyzubringen, wie ich nach angezeigter Veranlassung im dritten Theile meines Vorgemachs gethan habe. Allda habe ich die None von einer am untern Ende gebundenen Septime hergeleitet, weil es mir doch einmahl darum zuthun war, die Septime als die wahrhaftige Mutter von der dissonirenden Quinte, Terz und Grundton, wenigstens zur guten Stiefmutter der noch übrigen Dissonanzen zu machen, welche Methode viel natürlicher ist, als das unnatürliche Unterschieben, Unterbauen oder Untersetzen unter den Septimenaccord; So hat auch die am untern Ende gebundene Septime ihren guten und sichern Grund in der Harmonie, und ist nicht nur von Heinichen, Matheson, Bononcini, Berardi und vielen andern Musikmeistern gebraucht worden, und wird auch ferner gebraucht werden, es mag sie Angleria oder Marpurg verworfen haben oder nicht.

§. 23.

Wie kommt denn Herr Marpurg dazu, daß er diese am untern En-

Cap. XII. Von der Vermischung der Harmonien.

de gebundene Septime, und ihren Satz einen regellosen Satz nennet? Siehe dessen Handbuchs I. Theil, S. 35. §. 4. Da heißt dieser Satz bald erträglich, wenn er mit guter Art gebraucht würde, bald regelloß, der keinem anzurathen sey, und dessen man sich ohne die äusserste Noth nicht bedienen müsse. Heißt das nicht sich selbst widersprechen? Jedoch Herr Marpurg hat sich im andern Theile seines Handbuchs eines bessern besonnen, wie daselbst S. 160 zu lesen. Diese am untern Ende gebundene Septimen können so gut als andere in Thesi stehen, und ist nichts figürliches dabey vermacht, wie er vermeynet. Septimen im Wechselnoten sind was anders, als würklich am untern Ende gebundene Septimen.

§. 24.

Wo hat denn Herr Marpurg den Satz der am untern Ende gebundenen Septime gefunden? Antw. in einem beschnittenen Nonenaccorde, der verwildert war, und dessen Septimenast er abschneiden muste, ehe er zum Versetzen tüchtig wurde. Man denke nur! Er solte vom untergrabenen Septimenaccorde, unter den eine Terz gekrochen war, und welche die Septime zur None gemacht hatte, hergeleitet werden. Was geschicht? Die zur Septime gewordene Quinte, der zum Enkel gewordene Sohn, muß aus dem Wege geräumet werden; er ist hinderlich; man muß ihn auf gut türkisch aus dem Wege schaffen, damit die None durchs Versetzen eine am untern Ende gebundene Septime werden könne, und gleichwohl soll die None auf diese Art von der Septime entspringen. Das laßt mir ein herrliches Fundament seyn! O möchte man doch selbst was gutes erfinden, und nicht nur anderer Leute Lehren, so wohl wahre als falsche, wieder aufwärmen, und nachschreiben!

§. 25.

Nun wo kommt denn die am untern Ende gebundene Septime her? Antwort. So gut als die None aus der Vermischung des Quintenaccords mit dem Grundaccorde. Nehmet die Quintharmonie in der rechten Hand, und vermischet sie mit der schon vorhandenen Terz der Grundharmonie, oder nehmet die Grundharmonie in der rechten Hand, und vermischet sie mit der schon liegenden 5. der Quintharmonie, so werdet ihr in beyden Fällen Septimen kriegen, deren unteres Ende gebunden ist, und seyn muß. Die erste löset sich in den Quartenaccord der Quintharmonie, und die andere in den Hauptaccord der Grundharmonie auf. Fig. 4. Tab. X.

Ursprung

Cap. XII. Von der Vermischung der Harmonien.

Ursprung des Satzes $\begin{smallmatrix}5\\4\\2\end{smallmatrix}$

In der dritten Bindung, die genau mit den beyden vorhergehenden verbunden ist, und nothwendig so und nicht anders folgen muß, findet sich eine gebundene Baßnote, die aber nicht wie die bisher bekannt gewordene, nebst der 2. und 4. die 6, sondern die 2. 4. und 5. bey sich hat, deren Satzes Ursprung wir abermahl nirgend anders, als in der Vermischung der Quint- und Grundharmonie zu suchen haben.

§. 26.

Welches ist denn wohl der Grundsatz von diesem aus der Vermischung der Quintharmonie mit dem Basse der Grundharmonie entstandenen Satze? Antwort: Wenn die Quintharmonie ihre Grundnote zum Basse hergiebt, und solcher seine Quint und Septime zu sich nimmt:

```
 g͞   g  fs      Setzet sie ihre Quint zum      g͞   g͞  fs
 d │ c          Grunde, so lässet sich die    d │ d
 h │ a          gebundene Note als eine       h │ c
 G │ d          7. mit 4. und 3. sehen;       G │ A
     7                                            7 6
     4 ♭                                          4
                                                  3
```

Setzet aber die Quintharmonie ihre 7. zum Grunde, so lässet sich die gebundene Note als eine gebundene 5. mit der 2. und 6. sehen, und die 5. siehet sich genöthiget in einen Triton aufzulösen. Die Tonart dieser Sätze ist, wie man wohl siehet, G dur.

```
 g͞   g  fs
 d │ d
 h │ a
 G │ c
     6
     5  4♭
     2
```

§. 27.

Also, damit wir zu einer wahren Gewißheit gelangen, können wir unumstößlich feste setzen, daß so wohl die None als die am untern Ende gebundene Septime aus der Vermischung zweyerley Harmonien hergeleitet werden müssen.

§. 28.

Weil durch die Vermischung der Quintharmonie, welche die Septime bey

46 Cap. XII. Von der Vermischung der Harmonien.

bey sich hat, oder des Septimenaccords auf der Dominante mit dem Basse der Grundharmonie, nicht nur die 4. und 9, sondern auch eine über sich auflösende Septime hervor kommt, so wollen wir vorerst diesen Satz in Uebung bringen, und so dann ein paar davon, und hernach jede alleine auftreten lassen. Das Exempel von diesem Kleeblate der 4. 7. und 9. stehet Fig. 5. Tab. X. Wer es dreymahl wiederholen will, und allemahl eine Terz höher, der wird durch alle Tonarten kommen.

§. 29.

Nun wollen wir die 9. und 4. mit einander auftreten lassen, und die 7. soll schweigen, Fig. 6. Tab. X. Wird dieses Exempel fünfmahl wiederholet, so gehet es wie das vorige durch alle Tonarten.

§. 30.

Es können auch die 9. und 7; oder die 7. und 4. mit einander auftreten. Fig. 7. Tab. X.

§. 31.

Es wird auch jede von diesen dreyen, die 4. 7. und 9. allein gebrauchet.

Von der gebundenen 4.

Die 4. soll zuerst auftreten, in Fig. 1. Tab. XI. Sie kan im Discant, im Alt und im Tenor erscheinen. Sie löset sich abwerts auf, indem sie einen halben oder ganzen Ton abwerts gehet. Sie ist eine Zurückhaltung der zum Hauptaccord nöthigen Terz. Das erste mahl, im besagten Exempel, wird sie aus der Grundharmonie in die Quintharmonie gemischet, das andere mahl aus der Secundharmonie in die Sextharmonie, das dritte mahl aus der Quartharmonie in die Grundharmonie, und das vierte mahl aus der Quartharmonie in die Quintharmonie.

§. 32.

Um nicht in allzugrosse Weitläuftigkeit zu gerathen, will ich mich wegen der gebundenen Quarte auf den dritten Theil meines Vorgemachs beruffen, da stehet S. 381. ein mehrers von derselben.

§. 33. Ich

Cap. XII. Von der Vermischung der Harmonien.

§. 33.

Ich muß es aber doch wohl kurz fassen was von dieser gebundenen Quarte oder so genannten Undecime zu merken ist:

I.) Ihre Bindung und Auflösung muß in derjenigen Stimme geschehen, in welcher der Klang, der zur Quarte werden soll, sich vor der Bindung befindet. Man könte es also so wohl bey deren Bindung als Auflösung versehen. In dem Tab. XI. Fig. 1. gegebenen Exempel befindet sich die erste Quarte im Alt, wenn man sie nun dem Discant geben wolte, so müste das c, welches zur 4. wird, auch vorher im Discante gewesen seyn; Wolte man das h, in welches diese 4 auflösen muß, dem Discante geben, da die 4 doch im Alt ist, so würde es abermahl ein Fehler seyn.

II.) Der Baß wartet ihre Auflösung nicht allemahl aus, sondern gehet entweder abwerts oder aufwerts.

Gehet der Baß abwerts, so kan die Auflösung geschehen

1.) in den Triton: c̄ ⌢ c   h
                    4   g   f
                         4   2

2.) in die kleinere Quint: d̄ ⌢ d   c
                                a   fis
                                4   6
                                      5

3.) in die reine Quint: c̄ ⌢ c   h
                             g   e
                             4

4.) in die übermäßige Quint: ā ⌢ a   gs | a
                                    e   c | f
                                    4   5+

5.) in die kleine oder große Sext: c̄ ⌢ c   h (b)
                                           g   d
                                           4   4
                                                3

7.) in

Cap. XII. Von der Vermischung der Harmonien.

6.) in die kleineste oder kleine Septime

$$\begin{array}{cc} \bar{c}\mid c & \flat h \\ g & cs \\ 4 & \flat 7 \end{array} \quad \begin{array}{cc} \bar{c}\uparrow c & \flat h \\ g & c \\ 4 & \flat 7 \end{array}$$

7.) in die Octav:

$$\begin{array}{cc} \bar{c}\uparrow c & h \\ g & H \\ 4 & 6 \end{array} \quad \begin{array}{cc} \bar{c}\uparrow c & \flat h \\ g & \flat H \\ 4 & 6\flat. \end{array}$$

Gehet aber der Baß bey der Auflösung der Quart aufwerts, so kan sie geschehen:

1.) in die Octav

$$\begin{array}{cc} \bar{c}\uparrow c & h \\ ga & h\bar{c} \\ 4 & 6 \end{array} \quad \begin{array}{cc} \bar{c}\uparrow c & \flat h \\ GA & \flat Hc \\ 4 & 6. \end{array}$$

2.) in die kleineste, kleine oder grose Septime:

$$\begin{array}{cc} \bar{c}\uparrow c & \flat h \\ g & cs \\ 4 & \flat 7 \end{array} \quad \begin{array}{cc} \bar{c}\uparrow c & \flat h \\ G & c \\ 4 & \flat 7 \end{array} \quad \begin{array}{cc} \bar{c}\uparrow c & h\mid a \\ G & c\mid d \\ 4 & 7\;4\;5. \end{array}$$

3.) in die kleine oder grose Sept:

$$\begin{array}{cc} \bar{c}\uparrow c & h \\ G & d \\ 4 & \begin{smallmatrix}4\\3\end{smallmatrix} \end{array} \quad \begin{array}{cc} \bar{c}\uparrow c & \flat h \\ c\;G & d \\ 4 & \begin{smallmatrix}4\\3\end{smallmatrix} \end{array}$$

4.) in die reine Quint:

$$\begin{array}{cc} \bar{c}\uparrow c & h & c \\ G & e & a. \\ 4 & & \end{array}$$

5.) in die kleinere Quint

$$\begin{array}{cc} \bar{c}\uparrow c & \flat h \\ G & e \\ 4 & \begin{smallmatrix}6\\5\flat\end{smallmatrix} \end{array}$$

6.) in den Triton

$$\begin{array}{cc} \bar{c}\uparrow c & h \\ c\;G & f \\ 4 & 2 \end{array}$$

7.) in

Cap. XII. Von der Vermischung der Harmonien.

7.) in die reine Quart, vermittelst einer Vorausnahme:

```
c̄ ⌒ c    bh ⌒ bh  | c̄  | c    bh  | —
c    G    f    e    |   G  ─  f  | e
+         6         | 4    b♮─
          5b
```

8.) auch wohl in die übermäßige Secund,

```
ā ⌒ a    gs    gs    a
A    e    H     c
+    ♮    6+    6
     5
```

III.) Es wartet auch wohl die bey der gebundenen Quart befindliche Quint die Auflösung nicht ab, sondern gehet bey der Auflösung
abwerts oder aufwerts:

```
d̄ ⌒ d   c  | d ⌒ d   c   | h
   a     a |    a        | d̄
   e     d |    e    fs  | e
   a     fs|    a        | g
   +     6 |    +    3
         5         6+
```

Im letztern Fall übersteiget der Tenor den Alt.

Vom Ursprung der gebundenen gröffern Quart (Triton) und übermäßigen None.

§. 34.

Die Quarten und Nonen sind gar zu gern beysammen, weil sie
gleichsam als Zwillinge zugleich gezeuget werden. Vermischet die Quintharmonie der weichen Tonart, mit der Sextharmonie derselben, so kommen
sie, die übermäßige None und der Triton, mit einander in die harmonische
Welt:

```
-h ⌒ h   a  | -gs | a   —  | -gs ⌒ gs   a
gs ⌒ gs  a  |  e  | c   —  |  e      c
e  |  c      |  h ⌒ h   a  |  h      a
e  |  a      |  e  | f   — |  c      f
c  |  f      |  4    3     | ♭9      10
♭9    10
+     3
```

G   Es

Cap. XII. Von der Vermischung der Harmonien.

Es gesellet sich auch die Septime zu dieser übermäßigen Quart und Triton. Z. E.

```
 e  e  d  e         oder:   e  e  d  e
 h  h  a  h                 gs gs a  gs
 gs gs a  gs                h  h  a  h
 e  f     e                 e  f     e
    †9 10                      †9 10
     7  6                       7  6
     4  3                       4  3
```

§. 35.

Ist etwan allhier f a c e gs h nach Rameau und seinen Anhängern ein Accord, ein so genannter Undecimenaccord?

Ich sage nein; sondern es sind zwey Accorde, zwey von einander zu unterscheidende Harmonien 1.) f a c, 2.) e gs h, die Quint- und Sext-harmonie von A moll mit einander vermischet, und aus dieser Vermischung kommt der Triton (grössere Quart) und übermäßige None her. Kein Verständiger kan und wird es läugnen. Nun kömmt es auf den Tonkünstler an, ob er beyde zugleich, oder jede allein will auftreten lassen. Wir haben es jetzo nur mit 4. z. E, f h zu thun, und versparen die †9 weiter hin.

§. 36.

Wir haben gar nicht nöthig diese Quart als eine Undecime anzusehen, denn sie kan sich ihrem Basse eben so nahe stellen als die reine Quart:

```
 gs a       c  h
 e  d  c    e
 h  h  a    a  a  gs
 e     f    A  e
    10         4
     4 3
```

Man kan also zu einem gebundenen Triton die Terz, in welche er auflösen muß, eine Octav höher oder tiefer vorausnehmen.

§. 37.

Es gehet also mit der Undecime und Terzdecime keinesweges so an, daß sie über den Nonensatz so hinauf steigen könten, wie die None über den Septimenaccord thun kan, wie davon eine Menge Exempel beyzubringen wären,

Cap. XII. Von der Vermischung der Harmonien.

wären, (*) sondern es muß nothwendig eine Vermischung zweyerley harmonischer Sätze vorgehen, soll anders eine Undecime und Terzdecime (gebundene 4. und 6.) hervorkommen. Ich will die Sache in Noten vorstellen.

Der Satz der freyen None auf der Quintharmonie vermischt mit der Sextharmonie und die daher entspringende 9. 11. und 13. stehet Fig. 2. Tab. XI.

Die frey anschlagende 7. und 9. werden allhier durch die Vermischung zweyerley Harmonien zur 11. und 13. und die 5. zur 7. Dem Generalbaßisten schreibt man da weder 11. noch 13, sondern nur einfache Zahlen, $\begin{smallmatrix}9&8\\4&3\end{smallmatrix}$ über a und g.

Von der kleinern (verminderten) Quarte.

§. 38.

Da auch die verminderte oder kleinere Quart gebunden erscheinet, so können wir deren Ursprung mit besserer Gewißheit von der Vermischung der Terz der Grundharmonie mit der die weiche Tonart bezeichnenden Note, welche die kleineste Septime frey anschlagend annimmt, z. E. mit c als Terz von A moll, und gis, als der Terz der Quintharmonie von A moll, welches den Accord der kleinesten Septime über sich leidet, herleiten, als von dem so genannten wüsten Terzdecimenaccord oder vielmehr Discord:

e gs h d f a c.
1 3 5 7 9 11 13

Welcher nichts weniger als ein Accord ist, sondern vielmehr eine Zusammenstoßung (Collision) zweyer Accorde, nemlich der Quintharmonie mit ihrer Septime e gs h d und der Sextharmonie f a c, der Tonart A moll, welche einen erbärmlichen Discord mit einander machen. Nennet lieber die ganze chromatische Octav, oder gar die enharmonische Octav einen Accord, so kriegt ihr noch mehr vermeynte Seltenheiten herauszuklauben.

§. 39.

Den wahren Ursprung, den anjetzo angezeiget habe, kan man aus Fig. 3.

(*) Herr Capellmeister Haße hat ein schönes Exempel dieser über die Septime hinaufsteigenden ungebundenen None in der Arie Opprimete i contumaci, in der Opera Tito Vespasiano &c.

Cap. XII. Von der Vermischung der Harmonien.

Tab. XI. ersehen. Da ist das obere und gebundene Ende der kleinern Quart aus der Grundharmonie, und das untere Ende nebst zweyen Mittelstimmen aus der Quintharmonie von A moll genommen. Trotz dem der was dawider sage!

Da braucht es keines solchen Beschneidens, wie Herr Marpurg mit seinem verwilderten abendtheuerlichen Terzdecimendiscorde vornehmen muß. Diese 4. braucht also eben so wenig eine Undecime genennet zu werden, als die andern beyden Quarten, sondern sie kan dem Basse so nahe treten, als die am obern Ende gebundene Secund, die man zum Unterschied der am untern Ende gebundenen eine None nennet, und auch im Generalbasse mit einer 9. andeutet. Das ist aber nur eine einfache Zahl, 11. 12. und 13. sind zusammengesetzte Zahlen, und nehmen zu viel Raum und Zeit im schreiben weg. Wer pflegt wohl heut zu Tage die gebundene 4. mit 11. und die gebundene 6. mit 13 anzudeuten? Niemand.

§. 40.

Will man die 3. worein die kleinere 4. auflösen muß, eine Octav höher oder tiefer vorausnehmen, so kan ihr Satz fünfstimmig erscheinen:

```
c | d   | c ⌒ c   h
a   h   | e   f
e   f   | c   d
c ⌣ c h | a   h
a   gis | a   gis
    4 3       4 3
```

§. 41.

Die gebundene verminderte Quart ist also eine Zurückhaltung der kleinen Terz, welche zur kleinesten Septime gehöret. Sie kan auch bey einer Sext gebraucht werden, die eine doppelte Terz leidet, und vor der einen hergehen, als   Ingleichen bey einer doppelten Sept:

```
-a | h         =e    e
 e   e         =c | c  h
 c   c   h     -a   e
 A | Gs        A |  Gs
     6              6
     4 3            4 3
     3              3
```

§. 41. Es

Cap. XII. Von der Vermischung der Harmonien.

§. 42.

Es kan bey der kleinesten Quart auch eine gebundene kleine Sept, und frey anschlagende kleineste Septime statt haben:

```
c ⌣ c   h
a     f            7
e     e   d        6 5
A     Gs       A | Gs  4 3
```

§. 43.

Es kan auch das untere Ende der verminderten Quarte gebunden seyn, welches alsdenn wie die 7. auf der Finalchorde über sich resolviret, weil es die Replike davon ist, z. E.

```
=c ⌣ c — h
 h ⌣ h   a  gs
 e    e      e
 gs ⌣ gs a  e
```

Wie die None, wenn sie ohne andere Dissonanzen erscheinet, zu tractiren.

§. 44.

Wir haben bereits deutlich gewiesen, daß die gebundene dissonirende Quarte und None durch die Vermischung zweyerley Harmonien gezeuget werden. Wir nehmen nun das Tractament der None, wenn sie alleine gebraucht wird, vor uns, und da sind folgende Puncte zu merken:

I.) Wegen ihrer Bindung und Auflösung wird es eben so gehalten, wie mit der Quarte, da nemlich der Klang, der zur None werden soll, nicht verwechselt werden darf, ausgenommen wenn etwa der Alt über den Discant steigt,

```
Z. E.    — a —      Da steigt das e, so der Alt hat, über
         g  g  f     das g im Discante hinauf.
         c  c —
         c  f —
            9 8
```

II.) Die

Cap. XII. Von der Vermischung der Harmonien.

II.) Die None ist dreyerley, klein, groß und übermäßig. Die kleine und grose werden mehrentheils unter sich, die übermäßige aber über sich aufgelöset. Löset etwa die grose über sich auf, so thut sie es der über sich auflösenden Septime zu gefallen, und man nennet ein solches Verfahren alsdenn eine Zurückhaltung (Retardation), Z. E. im Fig. 4. Tab. XI. Hier hat die None keine Terz bey sich, darum löset sie in solche über sich auf, und wäre schicklicher sie als eine NB. am obern Ende gebundene 2. anzusehen, weil man die Zahl 10. zur Anzeige der 3. nicht gern gebrauchet.

III.) Man kan die None ansehen, als eine Zurückhaltung der Octav, welche sich 1.) beym Hauptaccord, 2.) beym Sextenaccord, und 3.) beym Quartenaccord befindet, S. Fig. 5. Tab. XI. Und dieses ist zu verstehen, wenn der Baß ihre Auflösung abwartet.

IV.) Der Baß wartet die Auflösung der None nicht alle mahl ab, sondern bewegt sich, wie bey andern gebundenen Dissonanzen, bey der Auflösung bald über sich bald unter sich, oder bald in die Höhe, bald in die Tiefe.

Nonen, bey welchen so wohl der Baß als die darzu gehörigen Stimmen die Auflösung abwarten, hat uns die 4. Figur Tab. XI. gelehret. Wir merken hiebey noch an: a) wird die None bey liegenbleibenden Baße in einen Hauptaccord aufgelöset, so hat sie die 3. und 5. bey sich. b) wird die None, deren Baß die Auflösung erwartet, in einen Sextenaccord aufgelöset, so hat sie die 3. und 6. bey sich. c) wird die None bey ruhenden Baße in einen Quartenaccord aufgelöset, so hat sie die 4. und 6. bey sich.

Anmerkungen.

1.) Eine None, bey welcher zwar der Baß die Auflösung abwartet, die dabey befindliche 3. und 5. aber über sich gehen, ist hier nechst zu bemerken.

```
c | a   h   cis
g | g   f   g
e | c   d   e
c | f   —   e
  9   8   6+
  5   6
```

2.) Eine None, bey welcher zwar der Baß die Auflösung abwartet, die Terz aber aufwerts und die Quint abwerts gehen, folget allernechst:

— c f

Cap. XII. Von der Vermischung der Harmonien.

```
  — e  f
  h | h  a
  e ↓ a  c
  g |    —
    9 8
    5 6b
```

3.) Bey einer None, deren Quint übermäßig ist, wartet wohl der Baß und die 3. die Auflösung ab, die 5. aber gehet über sich in die 6, wie hier folget:

```
      g  ↑ g  f
     cs |cs  d
      b ↓ a
      e   f
     6+   9  8
     5b   5+ 6
```

Diese 5+ ist im Grunde der Harmonie die über sich gehende Septime, und die None ist eine 4.

```
     cs ↑ cs  d
      g |  g  f
      e ↓  d
            17  8
            4   3
```

4.) Wenn der Baß bey der Auflösung eine Terz steiget, oder eine Sext fällt, so löset sich die None in die Sext auf:

```
      d̄ ↓ d  c̄
      H |  c  e
           9  6
```

5.) Wenn der Baß bey Auflösung der None eine Terz fällt, oder eine Sext steiget, so löset sich die None in die Terz auf:

```
      g ↓ g  f    5 9 5 3
      e   f  d    E F D C
      6   9  3
```

6.) Wenn der Baß eine Quart steiget, so geschiehet die Auflösung der None in die Quint:

```
      ē ↑ g  f
      E   F  B
      6   9  5
```

7.) Wenn

56 Cap. XII. Von der Vermischung der Harmonien.

7.) Wenn der Baß eine kleinere Quint abwerts gehet, so löset sich die None auch in eine falsche Quint auf:

```
d ⌐ d    c
H   c    Fis.
6   6    6
5   9    5
```

8.) Steiget der Baß eine Secund, und gehet also der Auflösung einen Schritt entgegen, so löset sich die None in eine Septime auf:

```
d ⌐ d    c ⌐ h
H   c    d   G.
6   9    7
            ×
```

9.) Gehet der Baß eine Secund abwerts, so löset sich die None eine Secund auf:

```
ē ⌐ g   f         In denen beyden letztern Fällen gehet
e   f   es        eine Vorausnahme im Basse vor:
    9   2
```

Man besehe hierbey den dritten Theil meines Vorgemachs. S. 390.

Von der übermäßigen None.

§. 45.

Die übermäßige None, die man auch als eine am obern Ende gebundene übermäßige Secund tractiret, entspringet aus der Vermischung der Quint- und Sextharmonie der weichen Tonart, und wird mit der übermäßigen Quart zugleich gezeuget, wie oben bey der Quartenlehre gewiesen worden ist. Vorjetzo lassen wir sie ohne ihre Schwester auftreten. Sie muß sich über sich in die Decime, oder wenn wir sie als eine 4 betrachten, in die Terz auflösen, wenn der Baß ihre Auflösung abwartet. Da sie dem Basse ganz nahe treten kan, so ist es nichts ungereimtes sie als eine am obern Ende gebundene Secund zu betrachten, denn alle Nonen sind doch nichts anders, als am obern Ende gebundene Secunden; z. E.

```
gs ⌐ gs   a    h̄     a
c̄    c    ē    c     —
h     a    gs ⌐ gs   a
e     f    e    f    —
×   ♯9   10   ×    4    3
```

Bey

Cap. XII. Von der Vermischung der Harmonien. 57

Bey der übermäßigen None lässet auch die übermäßige oder gröffeste Sexte wohl, z. E.

```
g̅s̅  ⌈gs   a    gs
 e  │ ds        e
 h  │ a         h
 e  │ f         e
 ✕  †9   10    ✕
    6†
```

§. 46.

Dieses ist nun eine ganz andere Ableitung (derivation) der übermäßigen None, oder der am obern Ende gebundenen übermäßigen Secund, als Herr Marpurg S. 110. des andern Theils seines Handbuchs angiebt. Da soll abermahl der erbärmliche Discord der Terzdecime f a c e gis h d der Ursprung von der übermäßigen None seyn, um welcher willen die 3. 5. und 7. als hinderliche Aeste von diesem verwilderten Baume müssen abgeschnitten werden, soll man anders die übermäßige None zu hören und zu sehen bekommen. Auch die Septime? Ja freylich. Ich dachte aber die 7. solte der Ursprung aller Dissonanzen seyn? Da hilfft nichts dafür. Soll diese Tyrannin den harmonischen Thron besteigen, so müssen nicht nur ihre Schwestern die 3. und 5. sondern so gar auch ihre Mutter die 7. auf gut türkisch aus dem Wege geräumet, ich weis nicht ob strangulirt, oder ersäufft, oder decolirt ꝛc. gnug abgeschnitten werden. Ich will neben die Töne welche abgeschnitten werden müssen ein † setzen;

```
13    d    d
11    h    h
 9    gs   gs
†7    e
†5    c
†3    a
 1    f    f
```

§. 47.

Dieser Terzdecimendiscord soll nun (man bedenke die Schwachheit, zu welcher sich Herr Marpurg, der sonst viel Wahrheiten im angeführten Buche lehret, durch Mr. Rameau hat verführen lassen) vom Septimenaccorde e gs h d abstammen,

58 Cap. XII. Von der Vermischung der Harmonien.

abstammen, indem man ihm einen Vater c, einen Großvater a, und einen Urgroßvater f giebt, welche unter diesem Septimenaccord kriechen müssen:

```
        7   d   13
        5   h   11
        3   gs   9
        1   e   7
            c   5
            a   3
            f   1
```

Ists nicht wahr, alle Abstammlinge müssen jünger seyn als die Stammväter? Aber allhier sind die 3. so genannten Abstammlinge, die None, Undecime und Terzdecime, nemlich ihre Grundnoten, ohne welche sie nicht da seyn können, älter, tiefer, erfordern längere Saiten und Pfeifen, grössere Instrumente, langsamere Bebungen, weitere Kehlen als die Töne des Septimenaccords, und gleichwohl sollen sie von solchen abstammen. Könte wohl etwas widersinnigers, unnatürlichers und verkehrters erdacht werden?

Mr. Rameau, der Urheber dieses verkehrten Wesens war nicht so verwegen einen Terzdecimenaccord zu statuiren, wie wir aus dem ersten Theil des obgedachten Handbuchs lesen, aber Herr Marpurg weiß diese Bestie von sieben Hörnern schon zu bändigen, daß sie ihm so gut tanzen muß, als die Bären ihren Führern.

Die übermäßige None 3. E. f gis soll von Septimenaccorde e gis h d abstammen. In solchen ist zwar das obere Ende dieser None, nemlich das gis, vorhanden, aber wo kommt das untere her?

Anstatt daß ers gleich über dem d als der Septime hätte suchen sollen, und finden können, so fängt er an und gräbet unterwerts, und zwar muß er noch tiefer graben, als sein Septimengebäude hoch ist. (*)

```
       e gis h d
       f a c e g
```

Endlich findet Er das f als den Grund der übermäßigen None, und nun darf Er sich nur das Herz nehmen, gleich wie ein Vorgänger Mr. Rameau, und

---

(*) e d ist nur eine kleine 7, f e aber eine grose.

Cap. XII. Von der Vermischung der Harmonien.

und die Septime als den Ursprung aller Dissonanzen, und also auch der übermäßigen None ausruffen. Die Sache ist auch erwiesen. Der Schluß lautet also:

Der Septimenaccord e gs h d ist aus drey aufwerts erbaueten Terzen zusammen gesetzt; der Terzdecimendiscord aus sechs Terzen, davon die drey untersten durch untergraben unter den Septimenaccord gefunden worden: Ergo ist der Septimenaccord der Ursprung der übermäßigen None, deren unteres Ende von der 7. in absteigender Linie abstammet.

Könte wohl eine artigere harmonische Ketzerey erdacht werden? Auf diese Art kan Abraham zum Vater Adams gemacht werden. Abraham ist der Vater aller Gläubigen. Adam hat der Verheissung geglaubet. Ergo ist Abraham der Vater Adams.

§. 48.

Es darf die Undecime und Terzdecime keinesweges so über den Septimenaccord der Quintharmonie hinauf steigen, wie die None thut, und in Fig. 3. Tab. VI. aus einer Graunischen Opera gezeiget worden; sonden sie müssen durch Vermischung zweyerley Harmonien vorbereitet werden. Dahero möchte es wohl noch angehen, einen Nonenaccord auf der Dominante zu statuiren, und zwar einen solchen, da der Grundton des Septimenaccords zugleich der Grundton der None bleibt; keinesweges aber einen solchen, da unter den Septimenaccord eine Terz kriecht; vielweniger kan man auf solche verkehrte Weise einen Undecimen- oder gar Terzdecimenaccord statuiren, und alsdenn von solchen diese oder jene Dissonanz herleiten. Auf solche Art kan man lieber das ganze Clavier einen Accord nennen, wie oben gesagt ist.

§. 49.

Warum sollen aber die 3. 5. und 7. als die vornehmsten von der Compagnie um der übermäßigen None willen von dem siebenstimmigen Terzdecimensatze abgeschnitten werden? Sie können ja alle 3. beym Leben bleiben, und der übermäßigen None doch ihr Recht geschehen. Man sehe Fig. 6. Tab. XI.

Der Vorwurf von $\left\{ \begin{array}{c} h \\ h \end{array} \begin{array}{c} h \\ a \end{array} \right\}$ in denen Mittelstimmen,

und $\left\{ \begin{array}{c} d \\ e \end{array} \begin{array}{c} d \\ c \end{array} \begin{array}{c} c \\ \end{array} \right\}$ in der Ober- und einer Mittelstimme hat bey

einem

Cap. XII. Von der Vermischung der Harmonien.

einem siebenstimmigen Satze keine Statt. (*) Dieses Thier, welches sieben Hörner hat, ist einem allzu kühnen Jäger verdeckter Octaven schon gewachsen. Man muß froh seyn, wenn drey consonirende Töne vier dissonirenden die Spitze bieten, und sie zu weichen nöthigen. Die Septime ist am hartnäckischten, und löset sich doch nur in eine harte übermäßige Sext auf. Wer siehet hier nicht, daß zweyerley Harmonien, die Sextharmonie f a c, und die Quintharmonie e gs h d in Betracht A moll, mit einander vermischet sind, und daß aus dieser Vereinigung vier harte Dissonanzen, die übermäßige 4. oder Undecime f h, die grosse Septime f e, die übermäßige None f gis, und die gebundene Sext oder Terzdecime f d, die doch sonst eine gute Consonanz ist, aber allhier unter den Wölfen mit heulen muß, hervorkommen?

§. 50.

Es treibet uns ja auch keine Noth darzu, zweyerley Harmonien nach allen ihren Theilen mit einander zu vermischen. z. E. Vermischet die 3. und 8. der Quartharmonie mit der 3. und 5. der Quintharmonie beyde in Betracht der weichen Tonart, so wird die übermäßige None oder Secund, wie wir sie nennen wollen, in Begleitung der 4. und 6. erscheinen:

```
=c  | d   —    e    —gs ⌐ gis   a    gis
—h    h   a    h      e    d           e
—gis⌐gis  a    gis    h ⌒ h     a    h
  e    f       e      e    f          e
       6
  ✗   4 3  ✗
      2 3
```

§. 51.

Es kan auch die 8. der Quintharmonie mit der 5. und 3. liegen bleiben, wenn der Baß, nehmlich die 3. der Quartharmonie sich mit den drey obern Stimmen vermischet, z. E.

```
 e ⌐ e    d    e
gs ⌒gs    a   gs
 h ⌒ h    a    h
 e    f   —    e
 ✗   7    6    ✗
     4    3
     2    3
```

Wolte

(*) Herr Marpurg ist auch der Meynung S. 61. seines Handbuchs, Anmerk. 12.

Cap. XII. Von der Vermischung der Harmonien.

Wolte man allhier die übermäßige Secund als eine 9. ansehen, so müste man dem Generalbaßisten 9 10. vorschreiben, und es wäre auch schon recht, allein 4 3. ist eher geschrieben als 9. 10. und nimt auch nicht so viel Raum ein.

§. 52.

Man kan auch die 3. in welche die 4 oder 9. auflösen muß, vorausnehmen, z. E.

=e ⌒ c	d	e	=e | e	d	e	Dieses kan auch
—gs ⌒ gs	a	gs	—h	a	h	ohne 7. geschehen.
h	a	h	gs ⌒ gs	a	gs	
e	f	e	e	f	e	
✕ 9. 10.		✕	✕ 4	3	✕	

§. 53.

Bey der am obern Ende gebundenen 4 oder übermäßigen 9. kan der Baß bey der Auflösung eine kleineste oder auch kleine Terz, oder auch eine Quart zurücke treten:

gs ⌒ gs	a	gs ⌒ gs	a	gs ⌒ gs	a
e	f	dis	e	f	d	e	f	c
♯9	7	♯9	7	♯9	6
5		5		5	
3		3		3	

§. 54.

Bey der übermäßigen None kan auch eine Septime zu gleich gebunden seyn, die sich in die übermäßige Sext oder auch in die grose Sext auflöset:

gis ⌒ gis	a	
e	e	dis (d)	Dieses ist eine recht gute Bindung.
h	a	—
e	f	—
9	10	
7	6+ oder 6.	

§. 55.

Bey dieser Bindung und Auflösung läßt sich auch der Triton gebrauchen. Er drücket einen Eigensinn nicht uneben aus:

—gis

Cap. XII. Von der Vermiſchung der Harmonien.

```
gis ⌐ gis    a  |  gis
ē  ⌢ e      dis    e
h    h       —     h
e    f       —     e
✕    7  6+         ✕
     4  —
     4  3
```

§. 56.

Dieſe übermäßige None oder Secund löſet ſich auch wohl in eine anſchlagende 7. auf:

```
gis ⌐ gis    a  |  gis     a
ē  ⌣ e      dis    e  (d)  c
h  | h       —     h       a
e  | f       H     e       A
✕    7       7     ✕
     4       ✕
     ♃
```

Soviel von gebundenen Nonen. Sie kommen nebſt denen gebundenen Quarten und über ſich auflöſenden Septimen aus der Vermiſchung zweyerley Harmonien her, wie ſattſam erwieſen worden. Da die übermäßige None wie alle andere Nonen nichts anders iſt, als eine am obern Ende gebundene Secund, ſo wäre es nicht ungereimt, wenn auch die am untern Ende gebundene übermäßige Secunde ſo gleich aufträte. Sie mag aber noch ein wenig warten.

Von der gebundenen groſſen Septime auf der Grundharmonie, welche über ſich aufgelöſet werden muß.

§. 57.

Ich habe oben §. 28. verſprochen, benannte Septime, welche nebſt der Quarte und None zugleich hervor kam, wie Fig. 5. Tab. X. beſagt, alleine auftreten zu laſſen. Es geſchehe hiermit:

Die

Cap. XII. Von der Vermischung der Harmonien.

Die grose Septime auf der Grundharmonie, welche über sich aufgelöset werden muß, nebst ihren Abstammlingen.

```
h̄ ⌒h   c  │ ḡis ⌒gis  a
f  g        ē    e
d  e        h    c
g  c        e    A
   7 8      ✕ — 7 8
```

Diese 7. kommt her aus der Vermischung der Terz der Quintharmonie mit der Grundharmonie, welche Quintharmonie vorhergehen muß, sie lasse sich in ihren Hauptaccorde oder in ihren Quart-Terzenaccorde sehen:

```
h̄ ⌒h   c   │ ḡs ⌒gs  a
f │g   e     ē │e
d │e   c     d │c
  │c         H │A
4  7 8       6
2            4+  7 8
             3
```

§. 58.

Durch die Versetzung dieses Satzes bekommen wir verschiedene Vorausnahmen, als 1.) eine Vorausnahme einer Sext, bey gebundener und über sich gehender Quint:

```
h̄ ⌒h   c  │ ḡs ⌒gs   a
f  g        ē   e
d  c        h   a
g │e        e   c
   6        ✕   5 6#
   5 6          6
```

2.) Eine Vorausnahme einer 4, bey gebundener und über sich gehender 3.

```
h̄ ⌒h  c   │ ḡs ⌒gs  a
g  e        ē   c
d  c        h   a
g │g        e   e
   4        ✕   ✕ 4
   3 4          4
```

3. Eine

Cap. XII. Von der Vermischung der Harmonien.

3.) Eine noch wenig bekannte, am untern Ende gebundene, und doch über sich auflösende kleine Secund:

```
f̄ | e         d  —       d̄ | c            h
d   c         c  h.      h | a            a  gs
g   g         a          e | a            f  e
H ⌣ H  c d e  f          Gis ⌣ Gs  A H c  d  e
              g                              
              6                           6  
              5                           5  
        2                        2           
```

§. 59.

Das Tractament der am obern Ende gebundenen und über sich auflösenden übermäßigen Quint, welche NB. auf der Mediante des Molltons ihren Sitz hat, ist hierbey wohl zu merken. Es ist bey solcher 5† die Vorausnahme der 6 nicht allemahl nöthig, sondern sie kan auch statt derselben die Octav bey sich haben.

§. 60.

Daß der Baß bey Auflösung dieser Septime und ihrer Abstammlinge, der gebundenen 5. und 3. sich so wohl aufwerts als abwerts bewegen könne, und also die Auflösung nicht abwarten dürfe, kan man leicht einsehen. Folgende Bewegung, da der Baß mit der Oberstimme einen halben Ton aufwerts gehet, ist artig:

```
—gis ⌣ gs  a        —h ⌒ h    c
  e d   c  —          g f   c  —
  h     a             d     c
  e  ⌣  e  f          g  ⌣  g  a
        6                   6
        4                   4
        3                   3
```

Vom Ursprung der am untern Ende gebundenen übermäßigen Secunde.

§. 61.

Der Baß von der am untern Ende gebundenen übermäßigen Secunde muß schon der Grundton einer andern Harmonie gewesen seyn, ehe ihm das obere Ende derselben zu Leibe gehet.

Cap. XII. Von der Vermischung der Harmonien.

§. 61.

Betrachten wir diese 4. wie sie im A moll kan angebracht werden, so findet sich solche auf dem f, als der kleinen Sext von A, nebst den Gefährten derselben der 4. und 6.

```
6    d
4    h
2    gs
1    f
```

Dieses f, als der Grundton der 4. muß nun entweder aus der Sextharmonie f a c, oder aus der Quartharmonie d f a genommen seyn, Z. E.

```
f̄ | d        d̄ | h
c  | h        ā | gs
a    gs       d̄   d
f    f   e    f   f   o
     2   7        6   4   7
         ×                ×
```

Die Sextharmonie f a c, und die Quartharmonie d f a sehen einander an als Mann und Frau, und haben gemeinschaftliche Güter.

§. 62.

Betrachten wir die 4. mit ihren Gefährten der 4. und 6, so siehet man leicht ein, daß sie zur Quintharmonie, welche ihre Septime, die sie so sehr liebet, bey sich hat, gehöret; denn wenn das untere Ende dieser 4. soll gebunden werden, so muß sich die 3. 5. und 7. der Quintharmonie über solches stellen, und alsdenn wird die 3. zur 4. die 5. zur 4. und die 7. zur 6. Z. E.

```
ā | d         ā | h̄    c    h
ā | h         ā   gs   a    gs
d̄ | gs        d̄   d    e    f
f   f    c    f   f    e    e
         7        4    6    6    5
    6  4 ×                       ×
```

Und also wird das untere Ende dieser 4. welches mit der Quintharmonie vermischet war, in die Quintharmonie aufgelöset; Jedoch kan die Auflösung auch in den Quartenaccord der Grundharmonie geschehen, wie No. 2. besagt, und welche auch bey No. 1. bald folgen muß.

§. 63. Die

Cap. XII. Von der Vermischung der Harmonien.

§. 63.

Die Septime, welche jede herrschende Quintharmonie liebet, und bey sich führet, gehöret eigentlich in die Quartharmonie beyderley Tonarten, wie auch die über die 7. hinaufsteigende 9, als im A moll: e   gs   h   d   f
                                                                                              1   3   5   7   9;

Keinesweges aber die unter den Grundton des Septimenaccords unterkriechende 3. welche die 7. zur 9. machen soll:

            1   3   5   7   9
            c | e   gs   h   d   f.
            1   3   5   7   9

Wenn das obere Ende unserer None, nemlich das f zum Grundklange wird, und die 3. 5. und 7. der Quintharmonie über sich annimmt, so kömmt unser Satz der am untern Ende gebundenen übermäßigen Secund heraus:

            f   gs   h   d
            1   2   4   6

Der Grundton der Quintharmonie begiebt sich seiner Herrschaft so lange, biß der gebundene Baß der 2. aufgelöset wird, als welcher eben dem eigentlichen Grundklange der Quintharmonie die Herrschaft wieder überantwortet, und solche in e gis h d wieder herstellet.

§. 64.

Ich muß mir hierbey die Ehre geben, des kritischen Musikus an der Spree zu gedenken. In diesem Buche hat unsere unter Händen habende 2. die Ehre, daß sie, aber leider durchs borgen (ein unschicklicher Terminus vor die Gründe der Harmonie) zum Ursprung

1.) der verminderten Septime,

2.) der falschen 5. mit der grosen 6.

3.) der kleinen Terz mit dem Triton,

gemacht wird. Das heißt recht den Gipfel eines Baums zur Wurzel desselben machen. Dieser Streich gehöret in die verkehrte Welt, da ein Gärtner einen Baum pflanzet, den Gipfel unten, und die Wurzel oben stellet:

      7   f | 1   x
      5   d | sg   t
      3   h | 4   ♭
      1   gs | p   9

§. 65. Nun

Cap. XII. Von der Vermischung der Harmonien.

§. 65.

Nun was ists denn mehr? Borgen ist eben keine Schande, wenn man nur ehrlich wieder bezahlet; und dieses letztere gebühret dem Herrn Verfasser obbesagten Buchs. Es fället ihm ja sonst nicht schwer, seine Meynungen zu wiederruffen, wenn Er eine Sache besser einsehen lernet, wie viele Stellen seiner Bücher besagen. Im Handbuche ist er ganz stille von diesem Borgen, denn seit dem er den Terzdecimenaccord erfunden, ich wolte sagen, das Thier mit 7. Hörnern gebändiget hat, so ist er sehr reich worden, und kan 1. 2. 3. 4. biß 5. Hörner verschenken, scil. abschneiden. Aber wo bleiben denn die falschen Octaven und die grose Prime, stammen die nicht auch vom Terzdecimenaccorde her? Man dürfte ja nur noch eine 3. tiefer graben, so käme ein Thier von 8. Hörnern zum Vorschein:

f	a	c	e	g	h	d	f
1	3	5	7	9	11	13	15

oder

b	d	f	a	c	e	g	h
1	3	5	7	9	11	13	15

Unter das fs könte man so dann ein ds, hs, gs, eis, cisis &c. &c. und unter das b ein ges, es, ces, as, fes, des &c. &c. setzen, so könte man wohl die ganze enharmonische Octav unter einen Accord bringen. Ey, was solten da vor Seltenheiten heraus zu graben seyn. Herr R. hat schon, vermuthlich zum Spaß, Gelegenheit darzu gegeben.

Von verminderten und übermäßigen Octaven.

§. 66.

Doch wieder auf die falschen Octaven zu kommen, so siehet ein Verständiger leicht ein, in welche Harmonie ein cis bey c e g gehöret. Heinichen sagte: Octava deficiens & superflua sunt duo diaboli in Musica.

Das ist eben so viel als der Ausspruch der Alten: Mi contra Fa est diabolus in Musica.

Die falschen Octaven und Einklänge entstehen aus der Vermischung zweyer sich verwandten Harmonien.

Cap. XII. Von der Vermischung der Harmonien.

§ 67.

Die verminderte Octav führet von der Grundharmonie einer harten Tonart in die Quintharmonie.

```
c  ↑  c   h  (b)  h   a
g     g        g      fs
e     e        d
c     cs       d
   8  7        6   5
               4   ⅹ
```

§. 68.

Die vergrösserte Octav führet von der Grundharmonie der harten Tonart in die Secundharmonie:

```
            c | cs        d   cs
         c  ‿  c   B   A   —
            8      4   6   5
                       4   ⅹ
```

```
c | cs   —   —   d          d  cs  d
c ‿ c    B   A   —   ⌒      A       D.
8        4   7   6           5
             ⅹ   4           4   ⅹ
```

Diese verminderten und vergrösserten Octaven sind solche harte Dissonanzen, daß man froh wird, wenn man sie nur in gelindere Dissonanzen, als in die 7. oder 4. auflösen kön̄en. Im 20. Capitel wird auch eine kleineste und grössesste Octav vorkommen. Und also giebt es neben der reinen Octav noch 4. andere, 1.) die verminderte, 2.) die vergrösserte, 3.) die kleineste, und 4.) die grössesste. c c, cs c, c cs, cs ♭c, ♭c cs.

§. 69.

Die falschen Octaven welche in den obern Stimmen entstehen, indem die eine Stimme die kleine, und die andere bald hernach die grose Terz hören lässet, wie solche im andern Theil des Marpurgischen Handbuchs Tab. VI. Fig. 20. und 21. nebst ihren Repliken den falschen Einklängen Fig. 22. befindlich, klingen eben als wenn sich Mann und Frau um die Oberherrschaft zanken. Der Titul könte da seyn: Von der Vermischung der kleinen und grosen Terz.

Das

Das dreyzehende Capitel.
Beleuchtung der Lehre des Herrn Marpurgs vom Ursprung des Nonenaccords,
wie auch
Fortsetzung der Lehre von der Vermischung der Harmonien.

§. 1.

Der um die Gründe der Harmonie ängstlich bemühete Herr Marpurg lehret S. 34. seines Handbuchs: „Der Nonenaccord entspringe aus „dem Zusatz eines fünften Tons in der Entfernung einer Terz unter dem Basse „des Septimenaccords. Siehet man aber zu, was er vor einen angibt, so ist es der Septimenaccord mit der falschen Quint h d f a; Diese Septime a muß zur None werden, indem eine Terz g unter den Baß des Septimenaccords kriecht, g | h d̄ f̄ ā.

§. 2.

Herr Marpurg muß vergessen haben, wie die Natur des Klangs beschaffen ist. Die Natur giebt, wie alle wahre Musici theoretico-practici wohl wissen und bezeugen, zuerst die vollkommenen und hernach erst die unvollkommenen Intervallen und Accorde, nach der Ordnung der Zahlen

$$1:2:3:4:5:6:7:8:9:10:11:12: \quad (*)$$
$$G \quad g \quad d \quad g \quad h \quad d \quad f \quad g \quad a \quad h \quad cs \quad d$$

Und also den Septimenaccord mit dem vollkommenen Dreyklang 4:5:6:7: g h d f eher als den mit dem unvollkommenen 5:6:7:9, h d f a;

Und

(*) Hieraus muß man nicht folgern, als ob man lehrte: Die Natur gäbe den unvollkommenen Dreyklang h d f eher, als den reinen weichen. Denn dieser gründet sich auf die Zahl 10, und wird mit 10:12:15 dargestellet. Der unvollkommene aber gründet sich erst auf die Zahl 45, und ist nicht auf der Terz, sondern auf der Septime der harten Tonart zu suchen, und anzubringen. Ein anders ist die falsche Quint mit der Terz und Sext, und wieder ein anders mit der Terz und Octav; im ersten Fall wird sie als eine Dissonanz, im andern aber als eine Consonanz angesehen.

70 **Cap. XIII. Vom falschen Ursprunge des Nonenaccords.**

Und folglich giebt sie auch den Nonensatz auf dem vollkommenen Dreyklange eher, als den mit dem unvollkommenen:

$$\begin{array}{cccc|ccccc} g & h & d & f & a & h & d & f & a & cs \\ 4:&5:&6:&7:&9 & 5:&6&7:&9:&11 \end{array}$$

Daß die Zahl 7. ihren Klang etwas zu tief gebe, und daß man ihr mit der Kunst zu Hülfe kommen müsse, ist oben gesagt.

Wie kan nun hier der Nonensatz 4: 5: 6: $7\tfrac{1}{7}$: 9, g h d f a von dem Septimensatze 5: 6: $7\tfrac{1}{7}$: 9, h d f a entspringen? Ists nicht eben so als wenn man sagte: Der Hauptaccord 4: 5: 6: 8: g h $\bar{d}$ $\bar{g}$, entspringet von dem Sextenaccorde 5: 6: 8, h d g aus dem Zusatze eines vierten Tons in der Entfernung einer Terz unter dem Basse des Sextenaccords? Oder, damit mich diejenigen verstehen, die keine Verhältnisse der Intervallen kennen: Eine Familie entspringt, wenn Brüder und Schwestern eine Mutter bekommen. Wiederum ein Streich aus der verkehrten Welt.

§. 3.

Es entspringet also der Nonenaccord (mit Mr. Rameau und Marpurg zu reden) keinesweges von dem jüngern Septimenaccorde, sondern umgekehrt, dieser von dem Nonenaccorde, denn die Natur giebt ja das Verhältniß 4: 5. eher, als das 5: 6; ohne 4. kan 5. nicht seyn. Dieses begreiffet ein Kind.

§. 4.

Dieser Nonensatz 4: 5: 6: $7\tfrac{1}{7}$: 9, g h d f a aber ist in Betracht der Tonart C dur eine Vermischung der Quint- und Quartharmonie. Daß man ihn aber nur die Quintharmonie nennet, geschiehet deswegen, weil die Mone über die Septime hinauf steigt, und mit solcher zugleich aufgelöset wird. z. E.

$$\begin{array}{cccc} \stackrel{\frown}{\bar{a}} & g & f & e \\ \stackrel{\frown}{f} & f & d & c \\ c & h & & c \\ f & g & & c \\ & 9\ 8\ 7 & & \\ & 7\ 6\ 5 & & \end{array}$$

Die

Cap. XIII. Vom falschen Ursprunge des Nonenaccords. 71

Die Zubereitung dieser 7. und 9. zeiget klärlich, daß sie beyde in die Quartharmonie gehören, und durch Vermischung mit der Quintharmonie entspringen. Wird auch gleich die 9. bey liegenbleibender 7. aufgelöset, so ist darum die Auflösung noch nicht vollkommen, sondern die Dissonanz dauret biß zur völligen Aufhebung der Vermischung.

§. 5.

Daß der Nonensatz, er sey vier- oder fünfstimmig, nicht könne so gut auf den Kopf gestellet werden, als der Septimensatz oder Accord, und also nichts tauge, das sagt nur Herr Marpurg, aber die musikalische Welt glaubet es darum nicht. Hier stehet er so gut als ein Septimenaccord auf dem Kopfe, und das obere Ende der gebundenen None wird das untere Ende einer an dem untern Ende gebundenen Septime:

```
ē  e  d       -  c | d   -   | d  -
c̄  c  —       c  -⌣c   -⌣c     h
c̄  a  —       g  -  a   -⌣a     g
g  fs —       e  -  fs  -  fs    g
c  d  —       e     e   d | G   -
   9  8          7    7    9    8
   7  -          6    𝕏    7    8
   𝕏  -          4         4    3
                 2
```

Hier siehet man daß eine gebundene Baßnote nicht nur 2. 4. und 6. sondern auch im 5. stimmigen Satze noch eine 7. darzu über sich leiden, und haben will.

§. 6.

Was die Versetzung des auf seinen Kopf gestellten Nonensatzes, oder der Satz der am untern Ende gebundenen Septimen hervor bringe, ist deutlich zu ersehen aus dem dritten Theil meines Vorgemachs im XXI. Capitel. Er bringt nemlich hervor

1) eine Vorausnahme der 6. in welche eine gebundene 7. auflösen muß.
2.) eine Vorausnahme einer 4. in welche eine gebundene 5. auflösen muß.
3.) eine Vorausnahme einer 2. in welche eine gebundene 3. auflösen muß.

a T a g

Cap. XIII. Vom falschen Ursprung der None.

```
ã  | a ⌢ g    ã ⌢ a   g    a ⌢ a   g
f̄  | f   d    d̄   h        f̄   d
c̄  | d   g    d̄   g        c̄   h
   | g        f   f         f   f
A  | H        d   d
   | 7 6      6            6
   | 6        5 4          4 3
   | 5        4 3          3 2
   | 3
```

§. 7.

Hier entstehet die Frage, ob die am untern Ende gebundene Septime vom Nonenaccorde entspringe, oder der Nonenaccord aus dem Satze der am untern Ende gebundenen Septime? Man kan antworten, weil der Satz der am untern Ende gebundenen Septime sich innerhalb der Octav anbringen lässet, der Nonenaccord aber nicht, so muß dieser von jenem abstammen. Fragen wir aber die verknüpften Verhältnisse von beyden Sätzen, so geben sie uns den Bescheid zum Vortheil des Nonensatzes, und der Satz der am untern Ende gebundenen 7. ist ein umgekehrter Nonensatz.

```
4 : 5 : 6 : 9   |   9 : 10 : 12 : 16
c   e   g   d   |   d   e    g    c
1   3   6       |   1   4         7
```

§. 8.

Die am untern Ende gebundene 7. ist im Grunde der Harmonie auch nichts anders als eine None, denn man darf ih: ein Satze nur noch einen Grundbaß geben, so wird eine 9. draus, bey welcher eine vorausgenommene 8. vorhanden ist:

```
 b̄  |  c̿   —
 g  |  g   —
 f  |  e   —
 d ⌢   d   c
─────┼──────
 G  |  c   —
```

Hieraus siehet man, daß ich meine Sätze im Vorgemach nicht eigensinnig verfechte, sondern der Wahrheit Raum gebe. Es mag denn immer die am untern Ende gebundene Septime von der Umkehrung der None entspringen.

Cap. XIII. Von der am untern Ende gebundenen Septime.

gen. Diese None aber entspringet keinesweges vom Septimenaccorde e g h d, durch unnatürliches untereinander setzen, sondern dieser Septimenaccord e g h d entspringet vielmehr vom Nonenaccorde c e g h d. Eigentlich aber ist dieser Nonenaccord eine Vermischung der Grund- und Quintharmonie. Also gehöret die Grundnote des Accords der am untern Ende gebundenen Septime d e g c in die Quintharmonie, c e g aber in die Grundharmonie. Die wahre Grundnote dieses Satzes ist C, welche eigentliche Grundnote in die Höhe geworfen ist, aber auch im fünfstimmigen Satze unter dem dissonirenden d stehen kan.

§. 9.

Daß die am unterm Ende gebundene Septime ihren guten Grund so wohl als andere am untern Ende gebundene Dissonanzen in der Harmonie habe, solches erkennet Herr Marpurg nunmehro selbst, und bekennet es in seinem Handbuche S. 159. und 160. Er beliebe aber sich dienen zu lassen, daß die am untern Ende gebundene 7. nicht nur in Arsi, oder bey Wechselgängen, sondern viel besser in Thesi stehen kan und muß.

§. 10.

Gleichwie die 7. nicht überall die 5. bey sich haben und leiden kan, so wollen die gebundenen Baßnoten, oder die am untern Ende gebundene Secunden nicht überall die Sext bey sich leiden, sondern verlangen statt der 6. die 7, und an statt der 4. die 5, wie auch statt der 6. die 5. Siehe Figur 7. Tab. XI.

§. 11.

Daß die None keinesweges vom Septimenaccorde durchs Unterschieben entspringe, bezeugen auch diejenigen Nonen, die in einen Sext- oder Quartenaccord aufgelöset werden, wie nicht weniger alle 4. stimmige Nonensätze, die man in einen Hauptaccord auflöset. z. E.

```
−f ⌐ f    c    |−a ⌐ a   g ⌐ g   f  | c    |=d ⌐ d   c
 h         c   |−f        e      d  | c    |−g       g
 g         g   | c        c      h  | g    |−d       c
 d | e         | f        g      G  | c    | H | c
 9 8             9 8                          9 8
 6               6
 4
```

§. 12.

Alle gebundene Nonen entspringen aus der Vermischung der vorhergehenden mit der nachfolgenden Harmonie, und nicht durch das Unterschieben einer Terz unter den Septimenaccord mit dem falschen Dreyklange. Wo ist in denen in vorhergehenden §. gegebenen Exempeln der 7. Accord, von welchem diese Nonen entspringen sollen?

§. 13.

Herr Marpurg giebt auch einen Nonenaccord an, da eine 3. unter den Septimenaccord der Dominante im Molltone kriechen soll, oder dessen Quint übermäßig ist, g, h dis fis a. Dieser ist nichts anders als eine Vermischung der Quintharmonie h ds fs a, in Betracht E moll mit der 3. der Grundharmonie.

Diese 9. darf nicht so über den Septimenaccord hinaufsteigen, wie die auf der Dominante h ds fs a c, sondern sie muß vorbereitet werden, und hernach in die Grundharmonie, deren 3. sie zur 9. machte, aufgelöset werden. Die übermäßige 5. die sie bey sich hat, ist im Grunde der Harmonie die über sich auflösende grose 7. auf der Grundharmonie.

§. 14.

Dieses beweiset deutlich, daß dieser vorgegebene Nonenaccord kein Stamaccord, sondern ein verkürzter oder beschnittener so genannter Undecimenaccord sey, dessen Grundton oder Wurzel abgeschnitten worden. Z.E.

```
—a  ⌢a    g        —a  ⌢a    g
—fs ⌢fs   e        —fs ⌢fs   e
—ds ⌢ds   e        —ds ⌢ds   e
   h    h              h  | h
   fs   g              fs | g
   6†   9  8          H   | e
   4    7  6          7     9  8
   3    5† 6          ✗    †7  8
                            4  3
```

Wenn nun Herr Marpurg ordentlich seyn wollen, so hätte Er diesen Nonensatz als einen Abstammling vom Undecimensatze tractiren sollen, gleichwie man den Sextenaccord von seinem Hauptaccorde ableitet. Hierwider kan

Cap. XIII. Vom wahren und falschen Ursprunge der None.

kan Er nichts einwenden, wo Er anders nicht ganz verstockt seyn, und die sonnenklare Wahrheit verleugnen will, und solte mirs also billig Dank wissen, daß ich Ihn vom Irrwege auf den rechten Weg, den uns das Gesetz der Natur lehret, bringe.

§. 15.

Solte sich diese 9. mit der 5t nicht auch auf den Kopf stellen lassen? Laß sehen und hören! Man muß was wagen.

Siehe da, hier steht sie, und recket die Beine in die Höhe!

```
—fs      g   -      fs      e
—fs      fs  e      e   ds  e
 ds      ds  e      h       h
 h       h   .      h       g
 A       A   G A    H       e
 4+      7      6       4
         6+
         4+
         2
```

Bravo! Die None hat ihre Sache gut gemacht. Der Satz ist gut, schön, und nach allen Stimmen regelmäßig, denn die am untern Ende gebundene Secund kan nebst der 4+ und 6. am rechten Orte, wenn es auf die Grundharmonie los gehet, auch die 7. zu sich nehmen.

§. 16.

Hieraus siehet man ganz deutlich, daß der Septimenaccord auf der Triade superflua z. E. c e gis h kein Grundaccord sey, und zwar so wenig, als fs a c e, und gis h d f im A moll, sondern es sind Abstämmlinge von solchen Nonensätzen, deren None über die Septime hinauf gestiegen:

  I.) a c e gs h.
  II.) d fis a c e.
  III.) e gis h d f.

Der erste ist eine Vermischung der Grund- und Quintharmonie. Der andere der harten Quart- und Grundharmonie, und der dritte der Quint- und Quartharmonie. Bey der ersten Vermischung nimmt man die Quintharmonie

76 Cap. XIII. Vom wahren und falschen Ursprunge der None.

nie zur Vorbereitung; bey der andern die Grundharmonie, und bey der dritten die Quartharmonie, woraus die unterschiedliche Vermischung deutlich erhellet.

Dieses dienet zur Antwort auf eine gewisse Stelle im critischen Musikus an der Spree, da gelehret wird, daß der Mollton 3. Triades deficientes habe.

§. 17.

Daß man dem Nonenaccorde die 7. abschneiden muß, wenn man ihn bequem gebrauchen will, kommt daher, weil man sie ohne Noth mit hinein gesetzt hat. Wäre die 7. die Mutter von der 9. so wäre sie nicht so leicht zu entrathen. Da sie es aber nicht ist, so muß sie zu Hause bleiben, wenn der Nonensatz 4. stimmig seyn, und die 5. bey sich haben soll.

§. 18.

Die None erkennet also die am obern Ende gebundene 7. keineswegs als ihren Ursprung. Ist es aber einen Methodisten darum zu thun, die Septime zum Ursprung der None zu machen, um den Musik-Studirenden die harmonischen Sätze auf eine vortheilhafte Art beyzubringen, so schickt sich die am untern Ende gebundene Septime besser dazu, als ein Septimenaccord, unter welchen eine 3. kriecht, und die Septime zur None macht, welche 7. hernach bey drey- und vierstimmigen Sätzen abgeschnitten, und aus dem Wege geräumet werden muß. Ich bekenne hiermit die Wahrheit, daß die am untern Ende gebundene 7. gleichsam nur eine Stiefmutter der 9. um der Methode willen seyn könne, beyde aber, so wohl die Nonen als die am untern Ende gebundene Septimen aus der Vermischung zweyer unterschiedener Harmonien entspringen. Nach meiner Methode können auch die Nonen, so die 6. bey sich haben, von der am untern Ende gebundenen Septime hergeleitet werden, wenn nemlich die 7. nebst der 2. auch die 5. zu sich nimmt; Nach der Ramcauischen Methode aber gehet es nicht an, weil seine Nonenaccorde aus dreyen über einander gebaueten und einer untergekrochenen Terz bestehen müssen.

Das

Das vierzehende Capitel.

Besichtigung der Lehre des Herrn Marpurgs vom Ursprung des so genannten Undecimen- und Terzdecimenaccords, nebst Fortsetzung der Lehre von Vermischung der Harmonien.

§. 1.

Der so genannte Undecimenaccord soll aus dem Zusatz eines sechsten Tons in der Entfernung einer Terz unter dem Basse des Nonenaccords entspringen, und (er fänget vom Gipfel an,) aus der 11. 9. 7. 5. und 3. bestehen. Siehet man aber zu, was vor ein Nonenaccord genommen wird, unter welchen sich noch eine Terz stellen muß, so ist es weder der erste g h d f a, noch der andere g h dis fis a, welche bey der Abhandlung des Nonenaccords von Septimenaccorden mit falschen Quinten, h f und g dis herkamen, sondern vier andere als 1.) c g h d f, 2.) e gis h d f, 3.) e g b d f, und 4.) es g b d f, unter welche alle ein c gestellet wird, gleichsam als eine Stütze, die das auf schlechten Grund gebauete Nonenhaus unterstützen muß.

§. 2.

Warum nimmt man die bereits angegebene 2. Nonenaccorde nicht darzu? sie hätten sich ja auch müssen behandeln lassen, z. E.

a	a	a	g
f	f	f	e
c	d	d	
c	h	h	
a	h	g	
f	H	e	

Man hätte auch dem andern Nonenaccorde g h ds fs a eine Terz substituiren können, und alsdenn hätte man sechserley Undecimenaccorde gehabt, z. E.

§. 2.

```
    ā ⌒  a    g
    fs |  fs   e
    ds |  ds   e
    h  |  h
    fs |  g
    H  |  e
```

Ja es hätte sich auch der siebende schicken müssen, wenn er schon keine Terz gehabt hätte, z. E.

```
f    e    dis ⌒  dis  e
a         a   |  a    gis
f         f   |  f    e
c         h   ⌣  h
A         H      e
```

Dieser Undecimensatz wäre merkwürdig, denn er hat eine kleine None und grose Septime. Uberhaupt ist bey dergleichen Vermischungen zu merken, daß die 3. gar wohl zu entbehren stehet, weil die 11. oder 4. in solche auflösen muß, denn ein solcher Satz, in welchem die drey Dissonanzen 4. 7. und 9. befindlich, muß ja eben nicht 6. stimmig seyn.

§. 3.

Diese sieben Undecimensätze haben alle reine 11. oder 4; Wo bleibet aber die vergrößerte f h? Sie ist ja leicht möglich gemacht:

```
c̄   h   ⌒   h    a
ḡ   -   |   g    f
c̄   -   |   e    f
c̄       |   c
g       |   a
c       |   f
```

Die 7. könnte auch liegen bleiben, und in dem folgenden Satze erst aufgelöset werden.

§. 4.

Und wie stehets denn mit der verminderten Undecime gs c? Wie wenn nun zwey kleine Terzen unter den Septimenaccord d f a c kröchen, da käme sie ja zum Vorschein. gs | h | d f a c? Ja es gienge wohl an, aber die
None

und Terzdecimenaccord.

None will kein gut dabey thun. So schneidet sie ab, oder brecht ihr den Hals! Das gehet an. Siehe da:

```
c     c   h
c     f
c     d
a     h
a     gis
```

Gnug daß die verkleinerte 11. von dem Septimenaccorde d f a c entsprungen ist. Diese 9. war im Septimenaccorde eine 5, eine Dominante, o! so geschicht der herrschsüchtigen 5. gar recht, daß ihr die 11. den Hals bricht. Sehet, in solche Verlegenheit kan man kommen, wenn man den Weg, den uns die gütige Natur zeigt, verläßt, und sich auf Künsteleyen legt, die keinen Stich halten, und aus welchen viele Absurditäten folgen.

§. 5.

Was hat es deñ nun mit den vier angegebenen Undecimenaccorden vor eine Beschaffenheit, und wie sind sie von einander unterschieden? Antwort:

Der I ste vermischet die Grundharmonie c e g mit der Quintharmonie g h d f. Die 5. der Grundharmonie ist zugleich die Prime der Quintharmonie.

Der II te vermischet in Absicht auf A moll die Quintharmonie e gs h d f incluf. der 9 mit der Terz der Grundharmonie, und ist also kein Stamaccord, weil A die wahre Basis noch fehlet.

Der III te vermischet in Absicht auf die Tonart F dur die Quintharmonie c e g mit der Quartharmonie b d f.

Der IV te vermischet die Grundharmonie b d f mit untergesezter Secundharmonie c es g.

Wie es nun mit diesen so genannten Undecimenaccorden beschaffen ist, so ist es mit allen denen Sätzen beschaffen, die durch deren Versetzung hervor kommen. Daß so viele Versetzungen nichts taugen, kömmt daher, weil man die 11. nicht so zum Grunde legen kan wie die 3. 5. 7. und 9, und auch an die letztere will man sich nicht wagen.

§. 6. Will

§. 6.

Will man die Lehre vom Nonen- Undecimen- und Terzdecimenaccorde in Ordnung bringen, so muß man nicht sagen vom Nonen- Undecimen- und Terzdecimenaccorde, sondern von der Vermischung zweyer Accorde oder Harmonien, die dabey vorgehet, davon die eine in die andere wo nicht ganz, jedoch größten Theils aufgelöset werden muß, sie lasse sich nun in ihren Haupt- Sexten- oder Quartenaccord sehen. Die Quintharmonie beyderley Tonarten hat dabey dieses voraus, daß sie nicht nur die 7. sondern auch ofters mahlen die 9 über sich annehmen darf, denn was ist der siebenstimmige Terzdecimensatz c e g h d f a oder a c e g s h d f anders, als eine Vermischung der Grundharmonie mit der vorhergegangenen Quintharmonie, bey welcher die None über die Septime hinaufgestiegen war. Bey dem Nonensatze vermischet sich nur die 3. und 5. der Quintharmonie mit der Grundharmonie, bey dem Undecimensatze die 3. 5. und 7. und bey dem Terzdecimensatze die 3. 5. 7. und 9.

§. 7.

Vermischet die Grund- und Quintharmonie mit einander, so entstehet ein Nonensatz mit der Septime, ohne daß eine Septime zu deren beyder Hervorbringung wäre vonnöthen gewesen, sondern 7. und 9. entspringen zugleich auf einmahl durch diese Vermischung:

```
=d ↓ d   c
-h ⌣ h   c
-g    g   -
-d    c   -
 g    c   -
      9   8
      7   8
```

Vermischet die 3. und 5. der Quintharmonie mit der 1. und 5. der Sextharmonie, so entstehet daraus eine 9. und 11. oder 4.

```
=d ⌒ d   c
-h ↑ h   a
-g │ c   -
 g   a   -
     9   8
     4   3
```

§. 8. Ver-

und Terzdecimenaccorde.

§. 8.

Vermischet die Secundharmonie im C dur mit der Quintharmonie, so habt ihr wieder eine 9. mit der 7.

```
=f    f   -
=d    d   -
-a    a   g
-d    d   -
 a    h   -
 d    g   -
      9 8
      7
```

§. 9.

Wollet ihr bey der 7. und 9. auch eine 11. oder 4. haben, so gebet der Quintharmonie ihre geliebte Septime, so wird sie durch die Vermischung mit der Grundharmonie zur 11. Die Grundharmonie kan so dann ihre 3. zu Hause lassen, weil die 4 in solche auflösen muß. Soll aber der Satz sechsstimmig seyn, so kan man die 3. als eine Vorausnahme hinzu thun.

```
=f    f   e    f   f   e
=d    d   c    d   d   c
-h    h   c    h   h   c
-g    g        g   g
-d    e        g   c
 g    c
      9 8
      4 3
```

§. 10.

Wollet ihr bey der 7. 9. und 11. eine 13. oder gebundene 6. haben, so lasset über die 7. der Quintharmonie auch eine 9. hinauf steigen, so wird sie bey der Vermischnng zur 13. Weil aber die 13. und 9. wenn sie mit einander zugleich abwerts auflösen wolten, eine verbotene 5. mit einander machen würden, so könnet ihr die 7. und 9. aufwerts, die 11. und 13. aber abwerts auflösen.

Cap. XIV. Critik über den so genannten Undecimen-

```
ā       a    g     f     ⌒    f     e
f   ⌒   f    e     d     ⌒    d     c
d   ⌒   d    e     h     ⌒    h     c
h   ⌒   h    c     gs    |    gs    a
g   |   g          e            e    a
d   |   e          h            c
G       C          e            a
     9  10                   9  10
     7  8                    7  8
     6  5                    6  5
     4  3                    4  3
```

§. 11.

Bey dergleichen Vermischungen könnet ihr die Grundharmonie in ihren Sexten- oder Quartenaccorde mit der Quintharmonie auftreten lassen, so werden Vorausnahmen derjenigen Intervallen entstehen, darein die gebundenen auflösen müssen: Ich will nur ein paar hersetzen:

```
=f  -  ⌒  f  e    =f   ⌒  f   e
=d  -  ⌒  d  c    =d   ⌒  d   c
-h  -     h  c    -g      g
-g  -     g  c    -d      e
-d  -     g       h       c
 g     d  e       g       g
        9 8            7 6
        7 6            5 4
          6            6
                       4
```

Also auch in der weichen Tonart. Vom so genannten Terzdecimenaccorde ist schon oben ein mehrers gesagt worden.

§. 12.

Man siehet aus dem ersten Theil des Marpurgischen Handbuchs gantz deutlich, daß dessen Verfasser die über die Septime hinaufsteigende, freye und ungebundene None, die man zur Zubereitung des siebenstimmigen Terzdecimensatzes brauchen kan, wenigstens im Jahr 1755. noch nicht gekannt hat. Als er 1757. den andern Theil desselben schrieb, so hatte er mehr Licht gekriegt, denn da sagt er S. 138. §. 8. Daß so wohl die kleine als grose None ohne

Vorbe-

und Terzdecimenaccord.

Vorbereitung erscheinen könne, und giebt auch Tab. VII. Fig. 9. und 10. Exempel von solcher freyen None, die NB. nicht untergeschoben, sondern nebst der Septime über ihren Hauptaccord, auf den sie sich gründet, hinauf gestiegen ist. Und S. 181. §. 6. sagt er ausdrücklich, daß der Nonenaccord auf den Dreyklang erbauet sey, welches man allezeit aus den drey tieffsten Intervallen erkenne, giebt auch folgende 3. Exempel:

```
9  d    d    d
7  h    b    b
5  g    g    g
3  e    e    es
1  C̄   C̄   C̄
```

Hier sagt er ausdrücklich, die None d sey auf den Dreyklang c e g oder c es g erbauet, und solches mit allem Grunde. Aber seine zwey Nonen S. 34. Tab III. F. 8. (a) (b) im ersten Theil des Handbuchs, sollen sich auf die Septimenaccorde h d f, und h dis fis gründen, und gleichwohl soll das untere Ende der None unter diesen gelegten Grund geschoben werden. Wie widersinnig, wie unnatürlich! Er muß seine Nonen- Undecimen und Terzdecimenaccorde im Traume, und zwar in der verkehrten Welt gemacht haben. Er sage mir, ob sich die Septime auf einen Hauptaccord gründe oder nicht? Sagt er ja, so muß ja die None über die Septime hinaufsteigen, soll sie anders mit dem tieffsten Tone des Septimenaccords eine None machen, oder die Septime ist keine Septime, sondern eine None, die Quinte eine Septime, die Terz eine Quint, und der Grundton der Septime eine Terz, und der untergeschobene Ton erst der Grundton des Dreyklangs gewesen, worauf die None erbauet worden; Sagt er aber nein, so hat er seinen Septimenaccord in die Lufft gebauet, und hernach erst den Grund des Nonenaccords untergeschoben. Man legt ja erst den Grund, und alsdann bauet man darauf, was sich darauf gründen soll. Ich wünsche ihm Glück, weil ich sehe, daß er nach und nach gescheuter wird. Er wird aber inskünftige nicht mehr so pöbelnig seyn, und diejenigen Narren schelten, die ihm seinen Irrthum und verkehrte Händel vor Augen legen. Er siehet ja wohl, daß er sich mit solchen ungesitteten Betragen nur selber beschimpfet.

§. 13.

Der so genannte Terzdecimenaccord soll auch auf der Dominante eines

84 Cap. XIV. Critik über den so genannten Undecimen-

Tons gemacht werden können. Der dazu erforderliche Septimenaccord ist die Quartharmonie mit der grosen Septime, z. E. im C dur f a c e.

Dieses soll der Grund seyn, aber er ist in die Lufft gebauet, oder gelegt, und unter solchen müssen 3. Terzen, oder vielmehr eine 3. eine 5. und eine 7. kriechen, oder untergeschoben werden ♪ | ♩ | ♩ | ♩ ♩ ♩ ♩. Marpurgs Handbuch I. Th. S. 41. Fig. 14. Tab. IV.

§. 14.

Es ist aber dem Vater dieser Mißgeburt nicht darum zu thun, daß sie würcklich als ein siebenstimmiger Satz im Reiche der Harmonie vorhanden seyn, und gebraucht werden solle. Diese Bestie mit 7. Hörnern ist ihm gar zu toll; sonderlich ist das Nonen- und Undecimenhorn so gefährlich, daß sie gleich nach dessen Geburt müssen abgeschnitten werden. S. Tab. V. Fig. 2. im Handb. I. Th.

Ich will die Hörner oder Tone mit † bezeichnen, die abgeschnitten werden müssen;

```
  13  e
†  11  c
†  9   a
   7   f
   5   d
   3   h
   1   g
```

Und nun muß sich diese Bestie bändigen lassen, und Herrn Marpurg so gut danzen, als ein Bär seinem Führer. Es bleibt alsdenn nur die Terzdecime übrig, die sich zur frey anschlagenden Septime gesellet und die ihre 3. und 5. bey sich hat, welche Terzdecime oder gebundene Sext sich so dann in die Quint auflöset, welche der Tenor schon vorausgenommen hat, z. E.

```
=c    ⌒e   d
=c       h
-g       f
-c       d
 g    |  g
 6       7
 4       6 5
         5
```

Woraus

und Terzdecimenaccord.

Woraus bestehet nun dieser Satz mit der gebundenen und dissonirenden Sexte? Antwort: Die Sexte oder Terzdecime gehöret in die Grundharmonie von c e g, und die übrigen 4 Klänge machen die Quintharmonie mit ihrer Septime aus, g h d f. Wo bleibt aber nun der angenommene Septimenaccord f a c e, worauf sich diese Terzdecime gründen solte? Was sage ich: worauf? Nicht worauf, sondern unter welche sich der Terzdecimenaccord gründen solte. Aber das ist ja widersinnisch und unnatürlich. Ja freylich, denn es ist aus der verkehrten Welt; da legt man den Grund oben, und bauet hernach abwerts.

Dieser fünfstimmige Satz, läst sich nun auch dreymahl verkehren; das erstemahl wird die Quinte, das anderemahl die Terz, und das drittemahl die Septime zum Grunde gelegt:

```
=e  e  d        =e  e  d        =e | c  d
=c  h           -g     f            c  h
-g     f        -c     d            g
 g  g            g  g               c  e
 c | d           c    H             e     f
   9 8             6                  7 6
   6               5                  5
   4               4 3                4 2
   3
```

§. 15.

Aber was geschicht! Das Undecimenhorn ist wieder gewachsen. Was nun zu thun? O! Herr Marpurg weiß Rath. Nun schneidet er seiner tollen Bestie das Terzenhorn ab, und alsdenn kommt ein Satz hervor, der sich dreymahl verkehren läst:

```
=e | e  d      e | e  d      e  e  d      e  e  d
=c   c  c      c   c  c      c   c        g   f
-e   f         g   f         g   g        c   d
-c   d         g   g         c   d        g   g
 g   g         c   d         e   f        c   c — H
 6   7           9 8           7 6          7    6
 4   6 5         7 6           5            5    5
     5           4             4 3          4
     4 3         3                          3 2
```

Die vierte Verkehrung soll heßlich seyn. Ey warum? Man müßte die
L 3   Terz-

Terzdecime zum Grunde legen, und es würde eine am unterm Ende gebundene Septime, die Herr Marpurg so sehr hasset, zum Vorschein kommen. Ey laßt sehen und hören, wie heßlich das Ding aussiehet und klingt!

```
=c | f
=c | d
 -g | g
 -c | h
    c   e   d
    6   7   6
    5   5   4
    4   3   3
        2
```

Was dünkt Ihnen davon, meine Herren? Antwort: Der gebundene Baß macht dem Satz ein seltsames Ansehen, denn die Bestie hat sich auf den Kopf gestellet, so bald aber der Baß aufgelöset wird, so ist nichts heßliches mehr vorhanden.

§. 16.

Aus was vor Harmonie aber bestehet denn nun dieser Satz mit seinen 4. Versetzungen, vielleicht aus dem in die Luft gebaueten Septimenaccorde f a c e, als der Quartharmonie, und g h d, als Quintharmonie von C dur? Keinesweges; eben so wenig, als der vorhergehende, denn das Nonenhorn, welches die 3. im angenommenen Septimenaccorde war, hat müssen abgeschnitten werden, und nun wird das f, als der Grund des angenommenen Septimenaccords als Septime zur Quintharmonie von C dur gerechnet, ingleichen das d, welches unter den angenommenen Septimenaccord als die erste Terz geschoben wurde, und alsdenn gehöret die Terzdecime e und Undecime c zur Grundharmonie, der Baß, Quint und Septime aber zur Quintharmonie, und der Satz wird in die Quintharmonie aufgelöset. Das angenommene Fundament aber der Quartharmonie ist mit seiner Septime in der Luft verschwunden, wie alle die Häuser welche in die Luft gebauet werden.

§. 17.

Das ist aber doch eine rechte tolle Bestie um den Terzdecimenaccord g h d f a c e auf der Dominante: Es ist ihr auch das Nonenhorn wieder gewachsen. Was nun zu thun? Nun ist kein anderer Rath, als man muß ihr

und Terzdecimenaccord.

ihr das Terz- und auch das Quintenhorn abschneiden, sonst wird es mit diesen Nonenhorn alle Harmonienritter zu Boden werfen. Wie wolten sie
$$\left\{\begin{array}{cccccc} g & h & d & f & a & c & c \\ 1 & 3 & 5 & 7 & 9 & 11 & 13 \end{array}\right\}$$ in einem Accord bringen? Ja auf der Grundharmonie, oder auf der Finalchorde läst sich eine solche Terzdecimenbestie mit 7. Hörnern schon tummeln, da ist die Grund- und Quintharmonie mit einander vermischet, und die Septime kan über sich auflösen, das gehet aber auf der Dominante nicht an; Da müssen ihr 2. Hörner abgeschnitten werden, es mögen seyn welche es wollen. Nun was kömmt denn heraus, wenn die Quint und Terz abgeschnitten ist? Folgender Satz, welcher nichts anders ist, als eine Vermischung des Grundtons und Septime der Quintharmonie mit der Sextharmonie:

$$\begin{array}{cccc}
=e & e & d & d \\
=c & c & c & h \\
-g & a & a & g \\
-e & f & f & f \\
g & g & g & g \\
 & 7 & 5 & 7 \\
 & 6 &   & 5 \\
 & 4 &   & 1 \\
 & 2 &   &
\end{array}$$

§. 18.

Aber halt! Ist denn in diesem Satze eine None oder Secund vorhanden? Die None soll ja am obern Ende nach Hr. M. und aller wahren Harmonisten Forderung gebunden seyn, und die frey anschlagende muß absolut die 3. 5. und 7. bey sich leiden können; Hier aber muß die 3. und 5. weggethan werden, wenn die 13. mit der 11. 9. und 7. oder vielmehr mit der 2. 4. und 7. auftreten soll. Folglich kan das keine None seyn, sondern es ist eine 2. und es ist also kein beschnittener Terzdecimenaccord, sondern ein Abstammling von einem Nonensatze, der fälschlich vor einen versetzten Terzdecimenaccord ausgegeben wird, wie Herr M. selber bekennet, wenn er S. 44. schreibet: Dieser Satz ist mit dem vollen Nonenaccorde (der aus 1. 3. 5. 7. und 9. bestehet) einerley, wie hier zu ersehen;

88 Cap. XIV. Critik über den so genannten Undecimen.

```
g ⌒ g    f    f
c   c    c    h
g   a    a    g
e ⌣ e    d    d
e   f    f    g
6   9    8    7
4   7    6    5
    5    5
```

Heißt das nicht einen leichten und bekannten Satz in eine verwilderte Dornhecke verstecken, und hernach lehren, man müsse 3. und 5. abschneiden, wenn man ihn finden wolle? Wenn ein Satz in einen Nonenaccorde steckt, so braucht man keinen Terzdecimenaccord darzu, solchen darzustellen.

§. 19.

Im ersten Theil des Handbuchs Tab. V. F. 14. stehet noch ein vierstimmiger Satz, da der Terzdecimenbestie gar drey Hörner, nemlich das Undecimen- Quint- und Terzenhorn abgeschlagen werden. Er siehet also aus:

```
=c | a    a    g
-e ⌣ c    d    h
   e    f    f    f
   G    G    G    G
```

Betrachtet man ihn aber genau, so siehet man bald, daß die None, die er haben soll, keine None, sondern eine Secund ist, welcher der eigensinnige Baß, der die Dominante nicht fahren lassen will, die Auflösung versagt, welches darum geschicht, weil der Tenor den Klang schon eine Octav höher hat, in welchen er auflösen müste; und daher ist auch keine Versetzung mit ihm zu machen. Hat er nun keine None, sondern eine Secunde, so hat er auch sein Daseyn dem Terzdecimenaccorde nicht zu dancken, sondern er besteht aus der 1. 2. 6. und 7. davon der Baß und Alt aus der Grundharmonie, der Tenor und Discant aber aus der Quartharmonie genommen sind. Bey Orgelpuncten ist er anzubringen.

§. 20.

Also habe deutlich gezeiget und bewiesen, daß es unnatürlich und ungereimt sey, zu lehren, daß die 9. 11. (4.) und 13. (6.) vom Septimenaccorde durch unter-

und Terzdecimenaccord.

unterschieben entspringen sollen, und daß sie vielmehr aus der Vermischung zweyerley Harmonien entstehen, auch daß es unnöthig, die gebundene 4. und 6. als 11. und 13. anzusehen und zu behandeln. Ein Exempel von der gebundenen 6. will noch beyfügen:

```
=c | b — a —  | g — f
-a | a g g f  | f c f
-f | g e f a  | b c a
 c | c — — —  | c — f
 6    7           
 4    6           
      5           
```

Man siehet leicht, daß sie in die Grundharmonie, die übrigen 3. Stimmen aber in die Quintharmonie gehören.

Das fünfzehende Capitel.
Critik über die vorgegebene Substitution der Accorde.

§. 1.

Herr Marpurg wirft S. 93. Anmerk. 5. seines Handbuchs den Septimenaccord d fs a c, und seine 3. Abstammlinge 1) fs a c d, 2) a c d fs, 3) c d fs a nebst dem Nonensatze H d fs a c, und dem sogenannten Undecimenaccord G d fs a c in eine Brühe, und schreibt es könne einer dem andern substituiret werden. Diß verstehet man also: Ein jeder von diesen Sätzen könne da, wo es die vorhergehende Harmonie erlaubt, an des andern Stelle stehen, oder jeder könne unmittelbar vor der Harmonie, in welche der Septimenaccord und seine drey Abstammlinge auflösen können, vorhergehen, und also ein jeder unter ihnen des andern Stelle vertreten.

§. 2.

Dieser Satz hat so wenig Grund, als daß der Satz der None H d fs a c, oder der Undecime G d fs a c von Septimenaccord abstammen sollen. Von dem Septimenaccorde und seinen dreyen Abstammlingen, die man mit $\frac{6}{5}$, $\frac{4}{3}$ und 2. kenntlich macht, gestehet man es zu; diese vier Sätze

Cap. XIV. Critik über den so genannten Undecimen-

Sätze können da, wo es die vorhergehende Harmonie erlaubt, einander substituiret werden, z. E.

c⌢c	h	c⌢c	h	c⌢c	h	c	a h
a fs	g	a a	g	a fs	g	a fs	g
e d	d	e d	d	e d	d	e d	d
A d	G	A Fs	G	A A	G	c↓c	H
7		6		4		6	2 6
X		5		3			

Hier macht der Septimenaccord mit seinen dreyen Abstammlingen nur einerley Harmonie aus, nemlich Quintharmonie, deren Dissonantz, nemlich die Septime und ihre 3. Abstammlinge, die gebundene 5. 3. und Grundton oder 1. in die Grundharmonie aufgelöset werden.

§. 3.

Bey dem Satz der None und Undecime aber kan man dieses nicht behaupten, daß sie nemlich eben so wie die vorhergehenden vier Sätze der Septime, und ihrer drey Abstammlinge, die Quintharmonie ausmachten, sondern diese beyde sind eine Vermischung zweyerley Harmonien, nemlich der Quintharmonie und der Grundharmonie. Im ersten, im Nonensatze stehet der Sextenaccord der Grundharmonie H d g zum Grunde, und ist mit der Quintharmonie d fs a c vermischt; und im andern der Prim- oder Hauptaccord G h d, welcher mit seiner Quintharmonie d fs a c vermischet wird, wie die Auflösung beyder deutlich bezeuget, denn der erste wird in den Sextaccord, und der andere in den Hauptaccord der Grundharmonie aufgelöset. Beyde stehen also:

=c⌣c	h	=c	c	h
-a a	g	-a	a	g
fs fs	g	fs	fs	g
-d d	d	-d	d	d
A H	H	d	G	-.
4 9	8	7	9	8
3 7	6	4	7	3
				3

Will man diese beyde Sätze sechsstimmig haben, so siehet man gantz deutlich, daß bey dem ersten nur die Sext g, und bey dem andern die Terz h der Grundharmonie muß darzu genommen werden.

=c⌢c

und Terzdecimenaccords. 91

=c	c	h	=c	c	h
-a	a	g	a	a	g
fs	fs	g	fs	fs	g
d	d	d	d	d	-
d	g	-	a	h	-
A	H	-	d	g	-

§. 4.

Man muß also einen Unterschied machen unter den Klängen die zur Quintharmonie d fs a c gehören, und unter denen welche die Grundharmonie g h d ausmachen. Im Nonen- und Undecimenaccorde, wie sie Herr Marpurg nennet, gehöret der Baß zu der Grundharmonie, die darüber befindlichen Stimmen aber, als der Septimenaccord d fs a c, und seine drey Abstammlinge zur Quintharmonie:

§. 5.

Es ist also falsch, 1.) daß der Nonen- und Undecimenaccord oder Satz vom Septimenaccorde durch das Zusammenschieben abstamme. 2.) Daß diese beyde und der Septimenaccord nebst seinen dreyen Abstammlingen einander substituiret werden können, sonst müste es ja willführlich seyn, ob man bey der Quintharmonie d fs a c, dem Baße d, c, h, a, g oder fis geben wolte.

Die Klänge der Quintharmonie d fs a c kan er bekommen, keinesweges aber h oder g; denn so bald die Quintharmonie einen von beyden bekommt, so bald ist sie mit ihrer Prim- oder Grundharmonie vermischt, und folglich ist es nicht ein Accord mehr, sondern zwey Accorte, ob schon nicht alle drey Klänge der Primharmonie mit der Quintharmonie vermischet sind. Die vorgegebene Substitution gilt also nur bey den Klängen der Quintharmonie, wenn sie auch gleich nebst der Septime die über dieselbe hinauf gestiegene None bey sich hat, nicht aber wenn eine Terz unter die 1. der Quintharmonie geschoben wird, welche so dann die 7. zur 9. macht.

§. 6.

Wie die Klänge der Quintharmonie, welche nebst der Septime auch die None über sich (nicht unter sich) hat, einander substituiret werden können, siehet

92 Cap. XV. Critik über die vorgegebene Substitution der Accorde.

het man Tab. XI. Fig. 8. Zum ersten mahl stehet die 1. zum andern mahl die 3, zu dritten mahl die 5, zum vierten mahl die 7, und zum fünften mahl die 9 zum Grunde, und diese wird in der Verkehrung zu einer 7, welche 2. 4. und 6. bey sich hat.

§. 7.

Dieses ist nun wohl der None erlaubt, keinesweges aber der Undecime, welche nicht so wie die 9. über den Septimenaccord hinauf steigen darf, sondern sie muß vorbereitet werden. Will sich die Undecime oder gebundene Quart sehen und hören lassen, so muß die Quintharmonie mit ihrer Septime vorhergehen, und ihren Satz vorbereiten, nicht durch das Unterschieben, sondern durch das Vermischen der Quint- und Grundharmonie. So viel wegen fälschlich vorgegebenen Substitution.

Das sechzehende Capitel.
Von durchgehenden und Wechselnoten.

§. 1.

Beyderley Noten, die ordentlich durchgehenden, und Wechselnoten dissoniren, wo nicht mit einer, jedoch mit der andern Stimme. Der Unterschied unter beyden ist dieser: Eine Wechselnote fällt auf den Anschlag, die ordentlich durchgehende aber folgt auf den Nachschlag, z. E.

```
    c   d   |   c   d
    a   a   |   a   a
    e   f   |   c   f
    a   g  f|   a   g   f
```

In dem ersten Exempel ist das g im Basse eine Wechselnote, im andern aber eine gemeine durchgehende Note. Der gemeinen durchgehenden Noten können 2. 3. bis 7. nach einander folgen, bey Wechselnoten aber gehet dieses nicht an, doch kan vor einer Wechselnote, auf welcher der Anschlag geschicht, eine hergehen, die mit der auf der Wechselnote folgenden eine Terz ausmacht,

z. E.
```
    -g ⌢g    f   ⌢f
    g  a  f  e  d | g  c  d  c.
```

§. 2. Es

Cap. XVI. Von durchgehenden und Wechselnoten.

§. 2.

Es finden sich Wechselnoten so wohl bey denen Hauptaccorden, als auch bey denen von ihnen abstammenden Sext- und Quartenaccorden. Man besehe Fig. 9. 10. 11. Tab. XI.

§. 3.

Es finden sich Wechselnoten so wohl bey denen Septimenaccorden, als auch bey deren Abstammlingen Fig. 12. 13. 14. 15. Tab. XI. Die Wechselnoten sind mit einem Strichlein bemercket.

§. 4.

Es finden sich ferner Wechselnoten bey der Auflösung der gebundenen Quarten, Septimen und Nonen, wie auch bey Auflösung der übermäßigen Quinten und Nonen Fig. 1. 2. 3. 4. 5. 6. 7. Tab. XII. Man achtet es für eine Schönheit, wenn die Wechselnoten geschicklich angebracht werden. Es ist so gar erlaubt, zwey Quinten nach einander zu setzen, wenn die erste eine gemeine durchgehende, und die andere eine Wechselnote ausmacht. Fig. 8. Tab. XII.

§. 5.

Von gemeinen durchgehenden Noten, als Transitu regulari ist ein mehrers zu lesen im dritten Theil meines Vorgemachs Cap. III. Da wird auch erkläret was Groppo, Superjectio und Subsumtio sey, nemlich lauter solche Noten, die zwar dissoniren, aber auf keinen Anschlag fallen, und also innerlich kurz sind. Man pfleget über solche durchgehende Noten einen Strich zu setzen, welcher biß zu der Note reicht, bey welcher ein neuer Anschlag geschehen soll.

§. 6.

Zum Beschluß dieses Capitels dienet noch zur Nachricht, daß der gantze so genannte Terzdecimenaccord, oder die gebundene 4. 6. 7. und 9. vermittelst einer Wechselnote und dem darauf folgenden Sextaccord können aufgelöset werden; Wobey zu mercken, daß die 7. und 9. über sich, die 4. und 6. aber unter sich auflösen. Fig 9. Tab. XII.

Hier ist nicht nöthig, daß man erst nur die 13. (6) und hernach die übrigen

Cap. XVII. Von gebundener 4. und 6. bey freyer 7.

gen gebundenen Dissonanzen auflöse; Die Furcht vor den verbotenen Quinten ist bey manchen nur gar zu groß. Man darf bey diesen 4. Dissonanzen nur zwey abwerts, und zwey aufwerts auflösen, so ist der Sache gerathen.

Das siebenzehende Capitel.

Von den gebundenen Quarten und Sexten, die sich bey der ungebunden frey anschlagenden Septime finden.

§. 1.

Da die frey anschlagende Septime die 5. und 3. bey sich hat, so kan vor der 5. eine gebundene 6. und vor der 3. eine gebundene 4. vorhergehen. Das heißt die 3. und 8. der Grundharmonie werden vermischt mit dem Basse und 7. der Quintharmonie.

§. 2.

Bey dieser Vermischung kan entweder die 5. von der Sext, oder die 3. von der Quart, oder alle beyde zugleich zurück gehalten werden:

```
  7      7      7
6 5      5    6 5
  3     43    4 3.
```

Diese Sätze verdienen, daß man sie in Noten darstelle; sie finden sich Tab. XII. Fig. 10, 11, 12.

§. 3.

Man kan leicht ermessen, daß da der Septimenaccord oder Satz drey Abstammlinge hat, diese dreyerley Sätze auch auf dreyerley Art versetzt werden können.

```
                   6    5   6   7  6.
Der erste giebt folgende 5    3   4   4
                  4 3.  2   3.  2
```

1.) eine gebundene 4, nicht mit 3. und 8. sondern mit 5. und 6.
2.) eine 2, nicht mit 4. und 6. sondern mit 3. und 5.

3.) eine

Cap. XVII. Von der gebundenen 4. und 6. bey freyer 7.   95

3.) eine gebundene 7. nicht mit 3. und 5, sondern mit 2, und 4. Man sehe Fig. 13. 14. 15. Tab. XII.

§. 4.

Gehet vor der 3. bey frey anschlagender 7. eine gebundene 4. her, so kommen durch die Versetzung folgende drey Sätze hervor:

5 6	7 6	6	Allhier wird die gebundene 4. 1.) zur
4 5	4	5 4	gebundenen Baßnote, welche 2. 4. und 5.
2	3	2	(nicht 6.) über sich hat; 2.) zur gebunde-

nen 7. die 3. und 4. bey sich hat; 3.) zur gebundenen 5, welche in den Triton auflösen muß, und 2. und 6. bey sich hat. In Noten fallen sie besser in die Augen. Man sehe Fig. 16. 17. 18. Tab. XII.

§. 5.

Es können bey anschlagender 7. auch beyde, die 6. und 4. vor der 5. und 3. hergehen, und alsdenn wird die 3. und 8. der Grundharmonie mit dem Grundton und 7. der Quintharmonie vermischet. Wie die 12. Figur Tab. XII. schon gewiesen hat.

Die Abstämmlinge sind fremd und artig. Die gebundene 6. wird 1.) zur gebundenen 3. mit 4. und 5; und die gebundene 4. gibt einen gebundenen Grundton, der 3. 4. und 5. über sich hat, und in $\frac{6}{5}$ aufgelöset wird. 2.) wird die gebundene 6. zur gebundenen Grundnote, die 2. 3. und 6. über sich hat, und die Auflösung geschieht in $\frac{6}{5}$. Vors 3.) wird die gebundene 6. zur gebundenen 7, und die gebundene 4. zur gebundenen 5; diese 7. und 5. aber haben die 2. bey sich, und die Auflösung dieses Satzes geschieht in den Satz des Tritons mit 2. und 6. Die daher kommende drey Signaturen sind diese:

5 6	6 6	7 6	S. Fig. 19. Tab. XII.
4 5	3 4	5 4.	und Fig. 1. 2. Tab. XIII.
3 -	2 3	2 2	

§. 6.

Nimmt man bey diesen Bindungen die Auflösung der gebundenen 6. in der linken Hand voraus, so entstehen fremde aber wohl zu brauchende Sätze. Wir finden sie Fig. 3. 4. 5. 6. Tab. XIII. Urtheile mein unpartheyischer
Kunstfreund

Cap. XVII. Von der gebundenen 4. und 6. bey freyer 7.

Kunstfreund! ob dergleichen fünfstimmige Sätze, da ich sie aus der Vermischung zweyerley Harmonien herleite, und dabey die Septime und ihre Abstämmlinge ganz natürlich brauche, kein besseres Fundament haben, als die aus dem unnatürlichen so genannten Undecimenaccord ausgeklaubet werden. Will man sechsstimmige haben, so darf man die Auflösung der 4. nemlich die darauf folgende 3. nur in der linken Hand vorausnehmen, so werden sie bald da seyn, und man braucht keinen unnatürlichen Terzdecimenaccord dazu.

§. 7.

Ehe diese Materie verlasse, merke nur noch an, daß die gebundene kleine 6. bey frey anschlagender 7. gar artige Sätze verursache. Sie kommen in der weichen Tonart vor. Ich will sie nur mit Buchstaben und Zahlen beyfügen.

```
  7      6      6   5+ 6+    3  ⌒ 7 6
  6 5    5      5   3   4    8    4+
  X      4 3        2   3    5    2
  A│e    A│Gs    c ⌣ c   H    A│d.
```

Im ersten Satz ist die 6. gebunden, im andern die 4. im dritten der Baß, und im vierten die 7. Ich leitete diese Sätze im dritten Theil meines Vorgemachs, Tab. XVII. Fig. 5. von der gebundenen 7. die 2. und 4+ bey sich hat, her, allein es ist natürlicher, sie von der frey anschlagenden 7. herzuleiten, bey welcher sich eine gebundene 6. befindet, die in die 5. aufgelöset wird. Man merke sich die übermäßige 5. in Begleitung der 2. und 3. bey gebundenen Basse. Läßt man neben der gebundenen 6. auch eine gebundene Quart hergehen, so werden diese Sätze noch fremder:

```
  5    7      8 │ 5    6        6    6+   3 ⌒ 7 6
  3 ⌣ 6 5    5     4    5        3    4    8   5 4+
  8 ⌒ 4 X    3 ⌡ 3              6    2    5   2
                                 3
  A│e        A⌡A  Gis       c ⌣ c   H    A│d.
```

Das achtzehende Capitel.
Von Verwechselung der Harmonie des Septimenaccords, und seiner 3. Abstämmlinge.

§. 1.

Die Septime hat, wie oben gezeiget worden, drey Abstämmlinge, 1.) Die dissonirende Quint, 2.) die dissonirende Terz, und 3.) den dissonirenden Grundton

Cap. XVIII. Von Verwechselung der Harmonie.

Grundton. Diese 4. Sätze werden, wie uns schon bekannt ist, durch folgende Signaturen angezeiget: 7 | $\frac{6}{5}$ | $\frac{4}{3}$ | 2.

Diese 4. Sätze können auf mancherley Weise verwechselt, oder einander substituiret werden, ehe die würckliche Auflösung erfolget; am meisten aber geschicht solches im Recitativ.

§. 2.

Soll die Verwechselung nur mit zweyen dergleichen Sätzen geschehen, so gehet es auf zwölferley Arten an, als:

$$\begin{array}{c|c|c|c|c|c}
7\,\tfrac{6}{5} & 7\,\tfrac{4}{3} & 7\,2 & \tfrac{6}{5}\,7 & \tfrac{6}{5}\,\tfrac{4}{3} & \tfrac{6}{5}\,2 \\
\hline
\tfrac{4}{3}\,7 & \tfrac{4}{3}\,\tfrac{6}{5} & \tfrac{4}{3}\,2 & 2\,7 & 2\,\tfrac{6}{5} & 2\,\tfrac{4}{3}
\end{array}$$

§. 3.

Soll die Verwechselung der Harmonie mit dreyen Sätzen geschehen, so gehets auf vier und zwanzigerley Art an, als:

$$\begin{array}{c|c|c|c|c|c}
7\,\tfrac{6}{5}\,\tfrac{4}{3} & 7\,\tfrac{4}{3}\,\tfrac{6}{5} & \tfrac{6}{5}\,7\,\tfrac{4}{3} & \tfrac{6}{5}\,\tfrac{4}{3}\,7 & \tfrac{4}{3}\,7\,\tfrac{6}{5} & \tfrac{4}{3}\,\tfrac{6}{5}\,7 \\
\hline
7\,\tfrac{4}{3}\,2 & 7\,2\,\tfrac{4}{3} & \tfrac{4}{3}\,7\,2 & \tfrac{4}{3}\,2\,7 & 2\,7\,\tfrac{4}{3} & 2\,\tfrac{4}{3}\,7 \\
\hline
\tfrac{6}{5}\,\tfrac{4}{3}\,2 & \tfrac{6}{5}\,2\,\tfrac{4}{3} & \tfrac{4}{3}\,\tfrac{6}{5}\,2 & \tfrac{4}{3}\,2\,\tfrac{6}{5} & 2\,\tfrac{6}{5}\,\tfrac{4}{3} & 2\,\tfrac{4}{3}\,\tfrac{6}{5} \\
\hline
\tfrac{4}{3}\,2\,7 & \tfrac{4}{3}\,7\,2 & 2\,\tfrac{4}{3}\,7 & 2\,7\,\tfrac{4}{3} & 7\,\tfrac{4}{3}\,2 & 7\,2\,\tfrac{4}{3}
\end{array}$$

§. 4.

Wollen wir alle 4. Sätze verwechseln, so gibt es wiederum vier und zwanzigerley Arten, als:

$$7\,\tfrac{6}{5}\,\tfrac{4}{3}\,2 \mid 7\,\tfrac{6}{5}\,2\,\tfrac{4}{3} \mid 7\,\tfrac{4}{3}\,\tfrac{6}{5}\,2 \mid 7\,\tfrac{6}{5}\,2\,\tfrac{4}{3} \mid 7\,2\,\tfrac{6}{5}\,\tfrac{4}{3} \mid 7\,2\,\tfrac{4}{3}\,\tfrac{6}{5}$$

$$\tfrac{6}{5}\,7\,\tfrac{4}{3}\,2$$

Cap. XVIII. Von Verwechselung der Harmonie.

6 7 4 2	6 7 2 4	6 4 2 7	6 4 7 2	6 2 7 4	6 2 4 7
5 3	5 3	5 3	5	5 3	5 3

4 7 6 2	4 7 2 6	4 6 7 2	4 6 2 7	4 2 7 6	4 2 6 7
3 5	3	3 5	3 5	3	3 5

2 7 6 4	2 7 4 6	2 6 4 7	2 6 7 4	2 4 7 6	2 4 6 7
5 3	3 5	5 3	5 3	3 5	3 5

§. 5.

Wir wollen zur Übung die zwölferley Arten der Verwechselung in ein Exempel bringen, Tab. XIII. Fig. 7. weiset es auf.

§. 6.

Alle diese Septimen haben den harten harmonischen Dreyklang zum Grunde. Erwehlet man aber die kleineste Septime, die selbst ein Abstammling von dem Satz der kleinen None ist, so kan man nicht sagen, daß z. E. gs h d f der Grundaccord sey, denn der wahre Grund von diesem Satze ist E. Diese Basis aber stehet oftmahls gleichsam in der Erden, und es kommen nur seine 4. Abstammlinge davon ins Gesicht, als 1.) gs h d f, 2.) h d f gs, 3.) d f gs h, 4.) f gs h d. Wir wollen auch ein kurzes Exempel davon geben; Man kan es vollends durch den Cirkel führen. S. Fig. 8. Tab. XII.

§. 7.

Eine ganz andere Bewandtniß hat es mit der kleinen Septime und ihren Abstammlingen, die sich bey der Secundharmonie im Molltone befinden, z. E. im A moll h d f a, d f a h, f a h d und a h d f; Da ist h d f a der würkliche Stammaccord, der keine Terz unter sich leidet, wie gis h d f das e zum wahren Grunde hat. Der Stammaccord kan gar gut mit seinem ersten und andern Abstammlinge verwechselt werden, ehe die Auflösung erfolget; ist aber die Dissonanz im Basse, und also der dritte Abstammling vorhanden, so erwartet das Ohr gerne die Auflösung ohne weitere Verwechselung; Es lässet sich die Septime geschickter in eine Secund verwechseln, als die Secund in eine Septime. Z. E.

a | a   h   h

Cap. XVIII. Von Verwechselung der Harmonie.

```
-a | a   h   h      =c | h   a   gis
 f | f   -   e  -   -a | f   -   e
 d | d   -   d      -e | d   -   h
 d | H   A   Gis     A | A   H   e
         6                       x
 7   2   5              2   7
```

§. 8.

Gleiche Bewandtniß hat es mit der Septime auf dem weichen Hauptac-corde, z. E. d f a c, und seinen drey Abstammlingen f a c d, a c d f und c d f a, da läßt sich auch die Septime besser in eine Secund verwechseln, als die Secund in eine Septime, z. E.

```
f | f   -   f      g | f   -   f
c   c   d   d      e | d   c   d
a   a   g          c | a   -   h
f | d   c   H      c | c   d   G
 7   2   6             8   7   7
         5
```

§. 9.

Die über sich auflösende grose Septime kan auch in eine 5. und 3. ver-wechselt oder verwandelt werden, aber hernach verlanget sie die Auflösung:

```
h   h   -   -   c    gs   gs  -   -   a
g   c   e   g   a    e    A   c   e   f
7   6   4            7    6   4
5   3                5    3
```

§. 10.

Sie kan auch in eine 2. verwechselt werden, und zwar so wohl in die klei-ne als grose:

```
-h   h   c   -      -gs   gs   a   a
 g   c   H   A       e |  A    G   F
 7   2   6           x   †7    2   6.
```

Man siehet dieses Verfahren als einen vorausgenommenen Durchgang an.

§. 11. Die

Cap. XVIII. Von Verwechselung der Harmonie.

§. 11.

Die Ordnung dieser Verwechselung kan auch folgende seyn: 4. 6. 7. 2. da denn die Secund klein oder groß werden kan, als: 3. 5.

```
h   h - - c        c
g | g e c H (B)    A
    4 6 7 2        6
    3 5
```

Im Molltone wird die Quint übermäßig:

```
            -gs⌐gs - - a | a
            -e  c  e  -  e  -
             h  a  -  c  cs| f
             e |c  c  A  G  F
                4  6  7+ 4+ 6.
             ✕  5+
```

§. 12.

Die Septime auf der Triade superflua oder dritten Neben-Hauptaccord kan auch vor der Auflösung in eine Quint verwechselt werden:

```
   -h ⌐h   -  a  -
   -gs | gs -  a  f
    e  | c  c  c  d
    e  | c  c  f  d
   ✕     7+ 6
         5+ 5
```

Ein mehrers von dieser Verwechselung der Septimensätze und ihrer Abstammlinge vor der Auflösung der Dissonanz ist zu lesen im dritten Theil meines Vorgemachs im 24. Capitel.

§. 13.

Daß bey denen in vorhergehenden 9. 10. 11. und 12. §. beschriebenen Verwechselungen eine Vermischung zweyerley Harmonien vorgehe, wird man leicht einsehen; es werden nemlich die Grund- und Quintharmonie mit einander vermischet. In dem letztern Exempel §. 12. gehöret die 7. und 5. in die Quintharmonie, die 3. und der Grundton aber in die Grundharmonie. Hierbey ist noch anzumerken, daß die Trias superflua und ihre Septime kein eigentlicher Stammsatz ist, sondern es gehöret noch ein 3. als die wahre Basis darunter,

Cap. XIX. Von der Verwechselung der Auflösung.

darunter, und alsdenn ist die übermäßige 5. im Grunde der Harmonie eine grose Septime, und die 7. eine 9.

```
  1 3 5 7
A c e gs h
1 3 5 7 9
```

Das neunzehende Capitel.
Von der Verwechselung der Auflösung.

§. 1.

Diese Verwechselung gehöret nur in den so genanten galanten Styl, und ist mit Behutsamkeit zu brauchen. Sie entstehet, wenn eine Dissonanz nicht von derjenigen Stimme aufgelöset wird, in welcher sie sich befindet, indem eine andere Stimme denjenigen Klang hören lässet, welcher die Auflösung ausmacht.

Dergleichen Verwechselung gehet vor, entweder zwischen denen obern Stimmen allein, und diese gehet dem Generalbaßisten wenig an; oder zwischen einer obern Stimme und der Baß desselben Satzes.

§. 2.

In dieser andern Art gehet es also her: Wenn die Auflösung in einen Hauptaccord geschehen solte, so geschicht sie in seine Abstammlinge, nemlich in den Sexten- oder Quartenaccord; Oder wenn die Auflösung in einen Sextenaccord geschehen solte, so geschiehet sie in einen Haupt- oder Quartenaccord ꝛc. S. Fig. 9. Tag. XIII. Auser dem Recitativ gefallen sie mir nicht.

§. 3.

Bey dergleichen verwechselten Auflösungen haben auch die ungebundenen und frey anschlagenden Dissonanzen statt. Z. E.

```
4+  7       7      7      6     6       6
3   X   2 b7  7  X  7  X  b5 b5  7  b7 b7  5
d   a,  f c,  g  e, cis a,  e  a,  g  e, cs fs
                         an statt
4+  6       6      6      6
3   5   2 5b 7  5  7  5  b5 b7  7 b7 b7  7
d   cis, f e,  g  gs, cis cs, e  f,  g  c, cs  X
                                                d
```

§. 4. Das

§. 4.

Das allerwunderlichste bey dergleichen Verwechselungen ist, daß man den verwechselten Klang einen halben Ton zu erhöhen sich die Freyheit nimmt, als:

		2		7	6		6♭5♭	
an statt		f	c	g	e	|	e	f,
		2	6	7	6+		b♭	6+
nimmt man		f	cs	g	e	|	e	a.

§. 5.

Dieses thut man auch bey Verwechselung der Harmonie:

		2	7	4+	7̶	2	6 5	
an statt		f	G |	c	d |	B	e,	
		2	7	4+	7	2	6+ 5	
nimmt man		f	Gs,	c	Ds,	B	c.	

Man muß aber wissen, daß bey dergleichen Verfahren eine Ellipsis statt hat, welche solches entschuldiget. Ein mehrers ist hiervon zu lesen, im 25. Capitel des dritten Theils meines Vorgemachs.

Das zwanzigste Capitel.

Von der Ellipsi, Retardation und Anticipation.

§. 1.

Ellipsis ist, wenn man mit Fleiß einen Satz, darein eine Dissonanz pfleget aufzulösen, ausläßet, weil das Ohr vorher schon weiß, was hätte kommen sollen, und davor den nächstfolgenden nimmt: Ich will den ausgelassenen Satz mit einem Custode anzeigen; S. Fig 10. Tab. XIII.

§. 2.

Hieher gehören alle Auflösungen in anderweitige Dissonanzen, als bey welchen allemahl eine Ellipsis statt findet, Z. E:

f, g c

Cap. XX. Von der *Ellipsi*, *Retardation* und *Anticipation*. 103

$$f,\ \overset{4\ \flat7}{g\ c}\ \|\ \overset{4\ 5\natural}{g,\ a\ fs}\ \|\ \overset{4\ 7}{g,\ a\ ds}\ \|\ \overset{x\ 7\ \overset{6}{5}}{d,\ e\ fs}\ \|\ \overset{7\ \overset{6}{5}}{c,\ f\ Gs}.\ \&c.$$

Man nennet diese Ellipsin auch einen vorausgenommenen Durchgang. (transitum anticipatum)

§. 3.

Die Retardation hält die anzuschlagenden Klänge zurück, und die Anticipation schlägt solche voraus an. Sie finden sich beyde vornehmlich in den obern Stimmen, und gehen also dem Generalbaßisten wenig an. Die Retardation ereignet sich bey denen am untern Ende gebundenen Septimen, wie in Fig. 8. Tab. X. zu sehen. Ein mehrers hiervon stehet im 26sten Cap. des dritten Theils meines Vorgemachs.

Das ein und zwanzigste Capitel.
Von einigen enharmonischen Intervallen.

§. 1.

Das Genus enharmonicum, welches 28. Intervallen in jeder Octav haben muß (s. meinen Canonem harmonicum und Anweisung zur Rationalrechnung) gehöret zwar nicht eigentlich vors Clavier; Weil es sich aber in der Composition zuträgt, daß enharmonische Intervallen zum Vorschein kommen, so will nöthig seyn von denen vornehmsten etwas zu gedencken. Solche sollen seyn:

1.) Die kleineste Secund, z. E. dis es.
2.) Die kleineste Terz, z. E. cis es.
3.) Die grösseste Terz, z. E. b dis.
4.) Die grösseste Quart, z. E. c xf.
5.) Die kleineste Quint, z. E. xf c.
6.) Die kleineste Sext, z. E. cis as.
7.) Die grösseste Septime, z. E. c xh.
8.) Die kleineste Octav, z. E. ais as.

1.) Der

Cap. XXI. Von enharmonischen Intervallen.

I.) Der kleineſte Ton oder Secunde kan auf dem Clavier nicht harmoniſch aufgeführet werden, doch finden wir ihn offt in der Melodie vorgeſchrieben, z. E.

```
          be - - ds   e
        c    a   ts h │ c
```

II.) Die kleineſte Terz kan alſo vorkommen:

```
          be - ⌒ be  d
        c    a    a
        g    -    fs
        c    cs   d.
```

III.) Von der gröſſeſten Terz iſt ſchon Tab. III. F. 12, ein Exempel beygebracht worden.

IV.) Die gröſſeſte Quart kan vorkommen, wenn C dur mit C moll abgewechſelt hat, und dieſes plötzlich in E moll gehen will, z. E:

```
  -g ⌒ gf ⌒ fe   ds    e │ e   ds    e
  -cb    a    h   ch    ag  fs        g
  be │ f    g   bag   fse│a    h     e.
   6    9 8   7 6   4†      6†        𐌢
                                 5
```

V.) Die kleineſte Quint darzuſtellen darf man nur die gröſſeſte Quart umkehren, z. E.

```
  be │ f    g    ba    g    fs    e │ e   ds    e
  bh   a    h    c     h    a     g   fs        g
  g ⌒ gf   fe   ds     e          │ A   H    E.
  6b    2   4†   7     6           6      𐌢
           b♭              4              5
```

VI.) Die kleineſte Sext iſt ſchon Tab. III. F. 13. beygebracht worden.

VII.) Der gröſſeſten Septime Gebrauch lehret uns Herr Telemann, z. E.

```
  g    gs ⌒ gs   fs │ gs    a
  b     d    c    -   d     e
  G     B    As   A   H     c
  6†   +7   6†   6†   6
```

VIII.) Die kleineſte Octav kan zum Vorſchein kommen, wenn man von F moll, das dem C moll verwandt iſt, plötzlich in das dem C dur verwandte E moll gehen will. z. E.

Cap. XXI. Von enharmonischen Intervallen.

```
 ba        g   | ba.        g    fs
 f         e   | f.         e    ds
 f    H    c   | c    H    Ais - H.  &c.
 b    b7   ♮   | 6b        b♯        𝕏
                4
```

§. 2.

Wird diese kleineste Octav umgekehrt, so entstehet die grösseste Prime, oder grösseste Octav, z. E. bd ds, und da kan sich die kleine und grösseste Terz zugleich hören lassen, z. E.

```
      f       f   e   ds   |  e    Siehe auch Tab. V.
 a    b   c | des    -     c   h   Fig. ultimam.
 f    g   a | b            a   gs
```

So viel vor einen, der von diesen enharmonischen Seltenheiten noch gar nichts weiß. Sie thun zu rechter Zeit ihre guten Dienste.

Das zwey und zwanzigste Capitel.

Kurze Beschreibung einiger practischen Exempel, durch welche man die bißhieher abgehandelte harmonische Sätze in mehrere Übung bringen kan.

§ 1.

Das I^{ste} Exempel Tab. XIV. enthält den Gebrauch der reinen Hauptaccorde, nebst ihren Abstammlingen, als Septen- und Quartenaccorde, wie auch der frey anschlagenden Septime und ihrer Abstammlinge, als der dissonirenden Quinte, Terz und Grundtöne. Es kommen auch einige Wechselnoten vor, die mit einem Strichlein bemercket sind, zu welchen in der rechten Hand dasjenige geschlagen wird, was zur folgenden Note gehöret. Die unter den Noten befindliche kleine Zahlen zeigen an, was in der obersten Stimme am bequemsten kan gegriffen werden, wenn eine gute Melodie soll heraus kommen; jedoch darf man sich eben nicht so gar genau daran binden. Man kan dieses und folgende Exempel als Toccatinen gebrauchen.

O

§. 2. Das

§. 2.

Das IIte Exempel Tab. XIV. enthält nebst den vorigen Sätzen auch Neben-Hauptaccorde, nebst ihren Abstammlingen, wie auch die frey anschlagende None, nebst einigen Wechselnoten.

§. 3.

Das IIIte Exempel Tab. XV. enthält nebst den vorigen Sätzen auch die gebundene Septimen, und ihre Abstammlinge, wobey auch viele Wechselnoten vorkommen, welche auf eine neue Art angebracht sind.

§. 4.

Das IVte Exempel Tab. XVI. stellet die besondern Auflösungen der Septime, nebst einigen durchgehenden Septimen vor.

Die frey anschlagende Septime hat die Ehre anzufangen. Es kommt auch die über sich auflösende Septime mit ihren abstammenden Vorausnahmen darinnen vor.

§. 5.

Das Vte Exempel Tab. XVI. hat sein vornehmstes Absehen auf diejenigen Dissonanzen, welche durch die Vermischung zweyerley Harmonien hervorkommen, als da sind die gebundene Quarte und None, wobey sich auch eine über sich auflösende Septime findet. Gleich im ersten Tact wird die vorhergegangene Quintharmonie und ihre Septime mit der Grundharmonie vermischt, und dadurch entstehet die gebundene Quart und None, welche abwerts auflösen; Die Septime aber siehet sich genöthiget über sich in die Octav, verstehe bey liegenbleibenden Basse, zu gehen. Im andern Tacte wird die Quint- und Sextharmonie mit einander vermischet. Durch diese Vermischung bekommen wir Nonen und Undecimen, oder besser gesagt, Quarten, ohne einen sogenannten Undecimenaccord nöthig zu haben, oder vorzugeben, denn wenn die Quarte mit der None ꝛc. erscheinet, so gehet allemahl eine Vermischung zweyerley Harmonien vor. Im acht und zwanzigsten Tacte ist deutlich zu ersehen, daß der sogenannte Undecimenaccord nichts anders ist, als eine Vermischung der Quint- und Grundharmonie, denn die lincke Hand giebt die Grundharmonie, die allhier E dur ist an, und die rechte Hand behält die vorher gegangene Quintharmonie H dur mit ihrer Septime.

§. 6. Das

§. 6.

Das VI^{te} Exempel Tab. XVII. fähret in der Vermischung zweyerley Harmonien fort, und liefert einen Gang, da bey Auflösung der Quarte und None die dabey befindliche Septime ihre Auflösung biß in den folgenden Tact versparet, und in solchen zur Quarte wird, welche so denn in die Terz auflöset.

§. 7.

Das VII^{te} Exempel Tab. XVIII. hat es vornemlich mit der frey anschlagenden None auf der Quintharmonie nebst der gebundenen Quarte und None zu thun. Unsere heutigen Componisten gebrauchen diese frey anschlagende None auf der Quintharmonie sehr stark. Sie leuchtet als ein schöner verguldeter Knopf auf dem Gebäude der Quintharmonie. Diese None steigt über die Septime der Quintharmonie hinauf, da hergegen die Rameauische und Marpurgische unter den Baß des Septimenaccords auf eine ganz unnatürliche Art kriechen. Das macht, sie sind so niederträchtig.

§. 8.

Das VIII^{te} Exempel Tab. XVIII. bringet die gebundene Quarte mit ihren mancherley Arten der Auflösung in Übung, und zwar die reine Quarte im Verhalte 4: 3. Im dritten Tacte löset sie sich auf einer Wechselnote auf, und macht mit ihr eine frey anschlagende Secund aus. Man wird alle mögliche Arten der Auflösung der gebundenen Quarte in diesem Exempel finden.

§. 9.

Das IX^{te} Exempel Tab. XVIII. hat es mit der vergrösserten und verminderten Quarte zu thun. Die übermäßige None, die sich dabey findet, resolviret über sich in die Decime. Die vornehmsten Eigenschafften der verminderten Quarte sind im XII. Capitel vom §. 37. bis 42. angezeiget worden.

§. 10.

Das X^{te} Exempel Tab. XIX. hat sein vornehmstes Absehen auf die gebundenen Nonen und deren mancherley Auflösungen.

§. 11.

Das XI^{te} Exempel Tab. XIX. hat es hauptsächlich mit der über sich auflösenden

lösenden grosen Septime, und denen von ihrem Satze abstammenden Sätzen zu thun. Man hat dabey anzumerken, daß, da es der grosen Septime auf der Grundharmonie erlaubet ist, über sich zu resolviren, ihrer Replike, nemlich dem dissonirenden Grundtone der Secunde, ein gleiches Recht zugestanden werden müsse, wie der fünfte und 6. Tact besagt. Was neues!

§. 12.

Im XIIte Exempel Tab. XIX. ist vornemlich auf die frey anschlagende Septime bey gebundener Quart und Sext und ihre Abstämmlinge gesehen worden. Man hat nicht nöthig, diese Quart eine Undecime und diese Sext eine Terzdecime zu nennen. Diese frey anschlagende Septime macht auch die sonst schön consonirende Sext zur Dissonanz, und nöthiget sie zur Resolution.

§. 13.

Das XIII. Exempel Tab. XX. stellet noch mehrere dergleichen Bindungen dar, da bey der frey anschlagenden Septime vor der dazu gehörigen Quint eine gebundene Sext, und vor der dazu gehörigen Terz eine gebundene Quart hergehet. Die davon abstammenden Sätze sind neu und artig.

§. 14.

Im XIV. Exempel Tab. XX. ist vornemlich die am unterm Ende gebundene Septime zu Hause. Wird sie in einen Hauptaccord aufgelöset, so hat sie nebst der Secund die Quart, wird sie aber in einem Sextenaccord aufgelöset, so hat sie nebst der Secund die Quint bey sich rc. Wer den Gebrauch aller in diesen Exempeln befindlichen Sätze recht innen hat, der wird mit Con- und Dissonanzen wohl umgehen können. Wollen wir eine kurze Recapitulation von allen bisher abgehandelten Sätzen machen, so kan es folgende seyn:

Die Harmonie enthält:

I.) Hauptaccorde und davon abstammende Sexten- und Quartenaccorde.

II.) Septimenaccorde, und davon abstammende Accorde 1.) der dissonirenden Quint, 2.) Terz, und 3.) Grundtöne.

$\begin{smallmatrix}6\\5\end{smallmatrix}\quad\begin{smallmatrix}4\\3\end{smallmatrix}\quad 2$

Cap. XXII. Beschreibung einiger practischen Exempel.

Wozu auch noch der frey anschlagende Nonensatz mit seinen Abstammlingen zu rechnen.

III.) Vermischung der Harmonien und daher entstehende gebundene Quarten, Nonen, und über sich auflösenden Septimen, wie auch die Septimen, die nicht mit der 4. und 9. sondern erst hernach aufgelöset werden.

Das drey und zwanzigste Capitel.
Von denen Grenzen der Tonarten und musikalischen Cirkel.

§. 1.

Es ist sehr nöthig, daß ein Generalbaßist wisse, in was vor Nebentone eine zum Grunde erwehlte Tonart ausweiche. Denn wer etwas aus dem Kopfe spielen will, der wird ohne diese Wissenschaft sich nicht weit verlaufen, oder wohl gar in fremde weit abgelegene Tonarten hinein plumpen, und damit seine Unwissenheit verrathen.

§. 2.

Die Sache kurz zu fassen, so ist zu wissen, daß jede Tonart fünf Nebentonarten habe, in welche sie natürlicher und ungezwungener Weise ausweichen kan.

Eine harte Tonart hat 2. andere harte, und 3. weiche Nebentonarten; und

Eine weiche Tonart hat 2. andere weiche, und 3. harte Nebentonarten.

Solche Nebentonarten leicht zu finden, ist nöthig zu wissen, welche weiche Tonart einer harten am nechsten verwandt sey, solche ist allemahl diejenige, die einerley Bezeichnung mit der harten hat, als z. E. C dur und A moll, G dur und E moll, F dur und D moll haben einerley Bezeichnung mit einander. Also ist A moll unter den Molltönen dem C dur am nechsten verwandt, und also auch das C dur dem A moll. Weis man dieses, so darf man nur zu einem solchem Paar die Ober- und Unterquint suchen, so hat man die natürlichen Grenzen einer Tonart bestimmt. Ich will die Haupttonart mit ihrer am nech-

sten

sten verwandten harten oder weichen Tonart in die Mitten, und so dann die Ober- und Unterquinten darüber und drunter setzen:

G dur	E moll	Diejenigen Nebentonarten, die C dur hat, die
C dur	A moll	hat auch A moll, und so mit allen übrigen.
F dur	D moll.	

§. 3.

Also weichet eine jede harte Tonart aus in die 2. 3. 4. 5. und 6. und jede weiche Tonart in die 3. 4. 5. 6. und 7. Die harte in fünf andere über sich, und die weiche in fünf andere unter sich. Die harte in die Quint und Quart dur, und in die Sext, Terz und Secund moll. Die weiche aber in die Quint und Quart moll, und in die Terz, Sext und Septime dur.

§. 4.

Die Ausweichung in die Quint hat vor allen andern den Vorzug, weil die Quint nach der Octav das vollkommenste Intervall ist. Jedoch beruhet die Wahl vornehmlich auf dem Willen des Setzers oder Spielers. Offt läßt man auch das unvollkommenere vor dem vollkommenern hergehen, damit dessen Schönheit desto besser hervor leuchte. Ich will mich anjetzo hierbey nicht länger aufhalten, sondern nur so viel sagen, daß es sehr gut sey zu wissen:

Wie man von C dur in A moll gehet, so kan man auch
von G dur in E moll, und
von F dur in D moll gehen, und also auch umgekehrt.

§. 5.

Wie nun die Tonleiter z. E. von C dur eingerichtet ist, so müssen auch die Leitern von G dur und F dur eingerichtet werden; Das heißt: G dur bekömmt ein fis, und F dur ein bh; Und da A moll ein gis braucht, so braucht E moll ein dis, und D moll ein cis: Dannenhero sind in den Grenzen der Tonart C dur nöthig: c cis d dis e f fis g gis a b h c, und also auch im A moll.

§. 6.

Derjenige Klang, durch welchen sich eine Nebentonart von der Haupttonart unterscheidet, ist das Mittel in solche auszuweichen; und also weichet man von C dur aus

durch

Cap. XXIII. Von den Grenzen der Tonarten.

Durch fis ins G dur;
Durch dis ins E moll;
Durch cis ins D moll;
Durch bh ins F dur;
Durch gis ins A moll;

§. 7.

Der Ausweichungs Ton, der gleichsam die Thür zur Nebentonart aufschliesset, kan sich auf 6. biß siebenerley Art sehen und hören lassen. Also kan sich das fis, durch welches man von C dur in G dur ausweichet, als ein Grundton, Secund, Terz, Quart, Quint und Sext gebrauchen lassen. S. Lin. 5. No. 1. Tab. XX. Das gis, durch welches man von C dur in A moll ausweichet, kan sich als einen Grundton, übermäßige Secund, Terz, Triton, übermäßige Quint und grose Sext sehen und hören lassen. S. Lin. 5. No. 2. Das bh, durch welches man von C dur in F dur ausweichet, kan als ein Grundton, kleine Secund, kleine Terz, Quart, falsche Quint, kleine Sext, und kleine Septime gebraucht werden. S. No. 3. L. 6. Tab. XX. Das cis, durch welches man von C dur in D moll ausweichet, kan sich zeigen als einen Grundton, übermäßige Octav, übermäßige Secund, grose Terz, Triton, übermäßige Quint, und grose Sext. S. No. 4. Tab. XX.

§. 8.

Wie sichs nun mit C dur und A moll verhält, so verhält sichs mit allen übrigen Dur- und Molltönen, deren Zusammenhang man am besten im musikalischen Cirkel ersehen kan, wie solcher in dem ersten Theil meines Vergemachs befindlich, und welchen ich Tab. XXIV. beyfügen will.

§. 9.

Der erste ist von Herrn Capellmeister Heinichen erfunden, und folget in demselben auf einen Durton allemahl sein ihm am nechsten verwandter Mollton. Soll es aber umgekehrt seyn, so fängt man im A moll an, und gehet rückwerts, nemlich von A moll ins C dur, u. s. f. Ich will solche mit ihren Ausweichungsnoten beyfügen. S. Tab. XXI. F. 1. und 2.

§. 10.

Der andere ist eine Erfindung des Herrn von Mattheson, in welchen

6. von

Cap. XXIII. Von den Grenzen der Tonarten.

6. von denen Molltönen sich den Rang vor ihren Durtönen nehmen. Man kan solchen auch rückwerts und nach Belieben anfangen, wo man will.

§. 11.

Im dritten Theil meines Vorgemachs habe auch folgende sehr natürliche Art, in welcher allemahl 2. Dur- und 2. Molltöne auf einander folgen, bekannt gemacht, und auch solchen schon oben Tab. II. in lauter Hauptaccorden dargestellet. Gibt man denen Verbindungsnoten Septimen, und verwechselt den Septimenaccord mit seinen 3. Abstammlingen, vermischet dabey die Harmonie der Verbindungsnoten mit der drauf folgenden Harmonie, so wird man bald lernen, wo die Dissonanzen anzubringen sind. S. Fig. 3. Tab. XXI.

§. 12.

Kehret man diesen Cirkelgang um, so kommt folgender zum Vorschein:

C dur	D moll	G moll	F dur
B dur	C moll	F moll	Es dur
As dur	B moll	Es moll	Des dur
Fis dur	Gis moll	Cis moll	H dur
E dur	Fs moll	H moll	A dur
D dur	E moll	A moll	G dur
	C dur.		

S. Fig. 4. Tab. XXI.

§. 13.

Man merke bey diesen Cirkelgängen an, daß die Verbindungsnote allemahl einen Septimenaccord, oder einen von seinen Abstammlingen ausmacht; Wenn nun diese Harmonie mit der nechst folgenden vermischt wird, so entstehen alle mahl gebundene Quarten und Nonen, wie auch über sich gehende Septimen, oder deren Abstammlinge, als aufwerts gehende übermäßige Quinten, bey welchen eine Vorausnahme der Sext statt hat, in welche diese Quinten aufgelöset werden.

§. 14.

Nachfolgender Cirkelgang ist auch ganz natürlich:

C dur

Cap. XXIII. Von den Grenzen der Tonarten.

C dur	A moll	E moll	G dur
D dur	H moll	Fs moll	A dur
E dur	Cs moll	Gs moll	H dur
Fs dur	Ds moll	Ais moll	Cs dur
As dur	F moll	C moll	Es dur
B dur	G moll	D moll	F dur.

Er stehet nebst seinen Verbindungsnoten Fig. 5. Tab. XXI.

§. 15.

Kehret man diesen Cirkelgang um, so kommt folgender wohl zu brauchender zum Vorschein:

C dur	F dur	D moll	G moll
B dur	Es dur	C moll	F moll
As dur	Des dur	B moll	Es moll
Fs dur	H dur	Gs moll	Cs moll
E dur	A dur	Fs moll	H moll
D dur	G dur	E moll	A moll.

§. 16.

Auch folgender Cirkelgang verdienet beygefüget zu werden:

C dur	G dur	E moll	A moll
D dur	A dur	Fs moll	H moll
E dur	H dur	Gs moll	Cs moll
Ges dur	Des dur	B moll	Es moll
As dur	Es dur	C moll	F moll
B dur	F dur	D moll	G moll.

Es ist hier anzumerken, daß G moll an C dur, wo angefangen worden, anstösset. Ingleichen daß D dur A moll auf einer, und A dur auf der andern Seiten hat, welcher Umstand 6. mahl vorkommt. Kehret man diesen Gang um, so folget auf C dur G moll, auf B dur F moll ꝛc. und dieses giebt Gelegenheit den Mollton mit dem Durtone zu verwechseln. Es kommt diese Verwechselung sechs mahl vor, wie folgendes Vorbild zeiget:

D   C dur

Cap. XXIII. Von den Grenzen der Tonarten.

C dur	G moll	D moll	F dur
B dur	F moll	C moll	Es dur
As dur	Es moll	B moll	Des dur
Fs dur	Cs moll	Gs moll	H dur
E dur	H moll	Fs moll	A dur
D dur	A moll	E moll	G dur

S. Fig. 6. Tab. XXI.

§. 17.

Folgende Circulation ist noch natürlicher, als die vorhergehende:

C dur	E moll	A moll	G dur
D dur	Fs moll	H moll	A dur
E dur	Gs moll	Cs moll	H dur
Ges dur	B moll	Es moll	Des dur
As dur	C moll	F moll	Es dur
B dur	D moll	G moll	F dur

Rückwerts stehet sie also:

C dur	F dur	G moll	D moll
B dur	Es dur	F moll	C moll
As dur	Des dur	Es moll	B moll
Fs dur	H dur	Cs moll	Gs moll
E dur	A dur	H moll	Fs moll
D dur	G dur	A moll	E moll

§. 18.

Ich kan nicht umhin einen guten Vortheil bekannt zu machen, welchen ich bisher bey meiner Information gebraucht habe.

Anweisung wie man sich bey der Ausweichung von einer Tonart zu der andern zu verhalten.

Voraus ist zu wissen, daß sich die Tonarten in dreyerley Sorten theilen, als 1.) in solche, bey welchen nichts vorgezeichnet wird; 2.) in solche, die ein oder mehr ✕ vorgezeichnet haben, und 3.) in solche, die ein oder mehr ♭ vorgezeichnet haben.

o. oder

Cap. XXIII. Von den Grenzen der Tonarten.

0. oder nichts wird vorgezeichnet bey C dur und A moll.

1. ♯ haben G dur und E moll.
2. ♯ haben D dur und H moll.
3. ♯ haben A dur und Fs moll.
4. ♯ haben E dur und Cs moll.
5. ♯ haben H dur und Gs moll.
6. ♯ haben Fs dur und Ds moll.
7. ♯ haben Cs dur und ♯ A moll.

1. ♭ haben F dur und D moll
2. ♭ haben B dur und G moll.
3. ♭ haben ♭E dur und C moll.
4. ♭ haben ♭A dur und F moll.
5. ♭ haben ♭D dur und B moll.
6. ♭ haben ♭G dur und ♭E moll.
7. ♭ haben ♭C dur und ♭A moll.

Das wären zusammen 28. Tonarten in Betracht ihrer verschiedenen Abzeichen.

Hierbey merke man sich folgende 8. Puncte.

I.) Von C dur und A moll in solche die ♯ vor sich haben gehet man durch fallende Quarten, ausgenommen von A moll in G dur die gleich neben einander liegen.

II.) Von einer Tonart die ♯ hat, in eine solche die mehrere ♯ hat, gehet man durch fallende Quarten.

III.) Von einer Tonart die ♭ hat, in eine solche die ♯ hat, gehet man durch fallende Quarten.

IV.) Von einer Tonart die ♭ hat, in eine solche die weniger ♭ oder gar nichts hat, gehet man durch fallende Quarten.

V.) Von C dur und A moll in solche die ♭ vor sich haben gehet man durch steigende Quarten, ausgenommen von C dur in D moll, die gleich neben einander liegen.

VI.) Von einer Tonart die ♭ hat, in eine solche die mehrere ♭ hat, gehet man durch steigende Quarten.

VII.) Von einer Tonart die ♯ hat, in eine solche die ♭ hat gehet man durch steigende Quarten.

VIII.) Von einer Tonart die ♯ hat, in eine solche die weniger ♯ hat, gehet man durch steigende Quarten.

Die Ausweichung geschieht entweder durch die grose Septime der Tonart wohin man will, z. E. von C dur in G dur durchs fis; oder durch die Quart der Tonart wohin man will, z. E. von C dur in F dur durchs b;

116 Cap. XXIII. Von den Grenzen der Tonarten.

```
        6₄
   7  6  4                       6    4
   ✕  5  5  4₄ 6           ♭7 5♭ ♭3 4₄ 6
   C D Fs A  C  H    |   C  C  E  G  B  A
             G                           F
```

Der Raum einer Quart hat allemahl noch eine Tonart zwischen sich, z. E. zwischen C dur und G dur liegt A moll, und zwischen A moll und E moll liegt G dur, und so weiter.

Hat man weit zugehen, so kan man die zwischen liegende Tonarten zum Theil überhüpfen.

Gesetzt es solte einer von E dur ins C moll gehen, so muß es nach dem VII. Punct durch steigende Quarten geschehen, als:

E dur, A dur, D dur, G dur, C dur, F dur, B dur, Es dur.
Da nun das C moll zwischen B und Es dur liegt, auch Es dur und C moll einerley Bezeichnung haben, so kan man gleich von B dur in C moll gehen.

Will man alle zwischen liegende Molltöne mit berühren, so wird die Reise auf folgende Tonarten zugehen:

E dur, Fis moll, A dur, H moll, D dur, E moll, G dur, A moll, C dur, D moll, F dur, G moll, B dur, C moll, wie in obangeführten Cirkel des Herrn Capellmeister Heinichen zu ersehen.

Nun stehets einem wieder frey, ob er nicht an statt der Molltöne Durtöne überhüpfen will. In diesem Fall könte die Reise also gehen:

```
 ✕  6    7   6   6   6   6
 E Eis Fs Fs  H  ds  e  gis  a  cis  d  fs  g♭
                 5       5       5        5
```

```
 7
 ♮    ♭
 g    c.
```

Solte aber einer z. E. von As dur ins E moll gehen, so müste die Reise durch fallende Quarten eingerichtet werden, als:

As dur, Es dur, B dur, F dur, C dur, G dur, E moll.

Wolte er in denen dazwischen liegenden Molltönen einsprechen, so würde die Tour also gehen:

As dur, F moll, Es dur, C moll, B dur, G moll, F dur, D moll, C dur, A moll, G dur, E moll.

Da

Cap. XXIII. Von den Grenzen der Tonarten.

Da stehets einem nun wieder frey, ober Dur- oder Molltöne überhüpfen will, aber nur allemahl einen, oder aufs höchste zwey, sonst leidet die Ordnung der Natur Gewalt.

Solte und müste aber die Ausweichung plötzlich geschehen, so könte es im enharmonischen Geschlechte angehen wie Fig. 1. und 2. Tab. XXII. besagt.

Von C moll in E moll gehet es, wenn keine Zeit gelassen wird, an, wie Fig. 3. Tab. XXII weiset.

§. 19.

Die bisherigen Componisten haben sich die Grenzen der Tonarten sehr erweitert, in dem sie z. E. dem C dur auch C moll, und folglich dem G dur G moll, und F dur F moll an die Seite setzen. Aber denen einer harten Tonart verwandten Molltönen, z. E. im C dur dem A moll, E moll und D moll werden sie nicht leicht A dur, E dur und D dur an die Seite setzen. Ich will allhier nicht untersuchen, ob es, wenn man den harten Tonarten die weichen gleiches Nahmens an die Seite setzet, nicht eine Ubertretung des Gesetzes der Natur sey? Denn wenn ichs auch gleich bündig erwiesen hätte, so würde man doch sagen, daß es galant lasse dieses Gesetze zu übertreten.

§. 20.

Wenn es in behöriger Ordnung geschicht, und man sich mit Fleiß vorgesetzt hat den natürlichen Sprengel einer Tonart zu erweitern, so kan man zwar z. E. von C dur in F dur, und folglich gar bald in G moll und C moll ic. kommen; allein so plötzlich ohne alle Zubereitung von C dur in C moll zu platzen, ehe man noch näher verwandten Tonarten ihr Recht gethan hat, das heißt wenigstens eine musikalische Verwegenheit und muthwillige Ubertretung des Gesetzes der Natur, welches mit wenigen Worten heisset: Mache keinen Sprung.

§. 21.

Es ist also viel natürlicher im C dur erst G moll mit G dur zu verwechseln, und dann erst C moll mit C dur, als gleich von C dur in C moll zu gehen. Ich will die Sache in zwey kurze Exempel bringen. Sie stehen Tab. XXII. Fig. 4. und 5.

Wie läßt dieses Verfahren? Eben so schön als wen ein Verirrter sich bald wieder zu recht findet. Ists aber nicht besser sich gar nicht zu verirren?

§. 22.

Die Gewohnheit ist eine Tyrannin. Man läßt sich den reisenden Strom so mit hinreisen, ohne zu untersuchen, obs löblich sey oder nicht. Unmusikalischen Zuhörern klingt ein solches Verfahren fremd. Sie lassen sichs gefallen und sagen, es sey schön, und also ist der Grund davon: Gefallen an einer Sache haben weil sie fremd ist, ob es gleich besser wäre, wenn sie gar nicht zum Vorschein käme.

§. 23.

Eine dergleichen angebrachte Ausweichung von G dur in D moll statt D dur, welches aber schon da gewesen ist, und also solches Verfahren gut macht, findet sich in dem Choral: An Wasserflüssen Babylon, oder, Ein Lämlein geht und trägt die Schuld. Da läßt die Ausweichung nach A moll schön in D moll, über die Worte: Da musten wir viel Schmach und Schand ꝛc. oder: und wenn des Creutzes Ungestüm mein Schiflein treibet um und um. Ja man kan an statt D moll B dur ergreiffen, und durch einen Meistersatz, das Schif wiederum auf die rechte Bahn bringen. Siehe Fig. 6. Tab. XXII.

§. 24.

Eine feine Ausweichung z. E. von G dur in D moll findet sich auch in dem Choral Kyrie Gott Vater, über die Worte: groß ist dein' Barmherzigkeit, s. Fig. 7. Tab. XXII.

§. 25.

Eine schöne Verwechselung des Es moll mit Es dur ist anzubringen über die Worte: Solls zum Sterben gehn, in Fig. 8. Tab. XXII. Sie kommen vor in dem Liede; Wer ist wohl wie du?

§. 26.

Die Worte in dem Liede: Ein feste Burg ist unser GOtt: Der Fürste dieser Welt wie sauer er sich stellt, lassen sich auch schön ausdrücken, wenn man C moll mit C dur verwechselt. S. Fig. 9. Tab. XXII.

§. 27.

Ein mehrers würde in einem kurzen Begriffe überflüßig seyn. Etwas muß ich einem annoch nicht gnugsam geübten Generalbaßisten zum Troste sagen,

daß

Cap. XXIII. Von den Grenzen der Tonarten.

daß es nemlich eben nicht absolut nothwendig sey, alle übergeschriebene Dissonanzen allemahl zu greiffen. Die Septimen und ihre Abstammlinge, die dissonirende Quint und Terz, können oftermahlen ohne Nachtheil der Harmonie weg gelassen, und dafür der Hauptaccord und seine zwey Abstammlinge genommen werden. Ja es ist oft besser, man läßet eine Dissonanz weg, als daß man mit ihrer allzu sclavischen Auflösung mit der concertirenden Hauptstimme ekelhafte Octaven macht. Ich muß dieses mit einem Exempel erläutern. Man sehe Fig. 1. Tab. XXIII. Wenn in diesem Exempel gleich die 7. und 9. nebst der dissonirenden 5. weg gelassen werden, so schadet es doch der Harmonie nicht das geringste, ja es ist besser, als wenn man mit der Concertstimme ekelhafte Octaven macht.

§. 28.

Das ängstliche Bemühen alle Signaturen mit zu machen, gibt, zumahl in Solis und Triis oftermahlen zu vielen Fehlern Anlaß. Es gehöret dahero eine grose Behutsamkeit darzu, damit man nicht, anstatt Fehler zu vermeiden, desto mehr Fehler mache. Alhier gilt auch: Besser zu wenig als zu viel. Gesezt der Generalbaßiste greift bey Vermischung der Grund- und Quintharmonie so gleich den Hauptaccord, und bringt die Töne der Quintharmonie nicht mit in die Grundharmonie, so ist es ja nichts anders als die mit Fleiß gelehrte Vorausnahme der Auflösung, z. E:

```
-b  ⌒  b    a
-g     g    f
-e  ⌒  e    f
-c     c
 g     a
 c     f
       9  8
       7  8
b7-    4  3
```

§. 29.

Aber dafür hat man sich sehr zu hüten, daß man nicht die Terzen und Sexten verwechsele, und eine grose nehme, wo eine kleine seyn muß, und auch umgekehrt. Hiervon wird unser beliebter Herr C. Ph. E. Bach in seiner Lehre vom Accompagnement ein mehrers vortragen, ich eile zum Beschluß, und gebe Tab. XXII. Fig. 10. und Tab. XXIII. noch zwey Exempel zur Ubung.

Wer

Wer das letzte accurat spielen kan, der ist schon ziemlich mit der Harmonie bekannt. Es steckt ein doppelter Contrapunct all' ottava darinnen. Die ersten sieben Tacte werden bey Eintritt des achten in der rechten Hand eine doppelte Qunit höher gespielet. Es führet durch den ganzen Cirkel, fängt im b D an, und endiget sich im ♯ C.

§. 30.

Dieses muß noch zum Beschluß anrathen: Man lasse sich dieses Buch mit Schreibpappier durchschiessen, und bringe die mit Buchstaben gegebene Exempel in Noten, so werden sie deutlicher in die Augen fallen. (*) Ein fleissiger Student der Harmonie wird dieses mit Lust thun, und hier und da gute Anmerkungen und Beyspiele aus guten Musikalien beyfügen können. Hätte ich sie alle wollen in Kupfer bringen, so würde das Buch manchem, der es doch am nöthigsten braucht, zu kostbar worden seyn.

§. 31.

Nun hier ist mein kurzer Begrif der Lehre von der Harmonie, über welchen Herr Marpurg in seinen critischen Lästerbriefen seinen Verleumdungs-gift schon ausgespien hat, ehe er solchen gesehen, und ehe er der Presse übergeben worden. Was wird er nun thun, da er heraus ist, und ich ihm bloß von der Liebe zur Wahrheit gedrungen, so freymüthig gesagt habe, was Er wegen seines Handbuchs von mir schriftlich verlanget hat? Ich sehe schon voraus, wie Er seine Pfeile wider mich spitzen und vergiften wird. Aber Tela praevila minus nocent. Ich verlache seine Lästerungen und Verunglimpfungen, und werde sie keiner fernern Antwort würdigen. Es kommt nun auf das Urtheil unpartheyischer Kunstkenner an. Diese mögen frey urtheilen, ob seine aufgewärmte rameauische unnatürliche Unterschiebung und gezwungene Ableitungen der studirenden Jugend vortheilhafter sind, als meine auf die Ordnung der Natur gegründete Lehren von der Vermischung der Harmonie ꝛc. Einem gegründeten Urtheil werde mich gar gerne unterwerfen, wenn es zumahl mit Bescheidenheit und Menschenliebe gewürzt ist. Es sey ferne von mir gegen meine Gegner solche Lästerungen und Verleumdungen drucken zu lassen, wie Herr Marpurg gegen mich gethan hat. Wahre Christen sind kein Echo das auf schelten wieder schilt, und den Schimpf mit Schimpf vergilt. Er soll wissen,

---

(*) Man kan auch die Noten absonderlich binden lassen, oder also daß man sie kan herausschlagen.

Beschluß.

wissen, daß Er nicht mich, sondern sich selbst beschimpfet hat, und daß es noch Leute gibt, die seine unchristlichen Spöttereyen verabscheuen. Ich wünsche ihm eine wahre Erkentniß seiner selbst, so wird es ihm gereuen, so feindselig gegen mich gehandelt zu haben. Dieses muß noch von ihm melden: Er gibt in seinen critischen Verleumdungsbriefen eine Gesellschaft von Musikgelehrten vor Fragt man aber nach deren wahren Nohmen, so ist es niemand als er alleine. Bald heisset er Neologos, bald Hypographus, bald Matz bald Barthel ꝛc. Mit diesen falschen Vorgeben suchet er die musikalische Welt zu hintergehen, und seinen Spöttereyen ein Ansehen zu geben. Er pfleget auch, wider GOttes klares Verbot, anderer Leute Arbeit von Wort zu Wort nachdrucken zu lassen, und seine vermeynten klugen Anmerkungen darüber zu machen, wie er es mit meinen Sendschreiben an Herrn Organisten Hofmann in Breßlau würklich gemacht, und mich dadurch in Schaden gesetzt hat. Man wird sich aber deswegen schon gehörigen Orts zu beklagen wissen.

§. 32.

Ihr aber, meine geehrteste deutsche Kunstverwandten und Liebhaber harmonischer Wahrheiten! haltet mir meine etwa begangene Schwachheit zu gute, und beurtheilet diese meine wohlgemeynte Arbeit nicht nach der Strenge, weil doch kein Mensch, und auch nicht leicht ein Buch ohne alle Fehler ist. Ihr sehet, daß die Ehre unserer deutschen Nation meine Triebfeder gewesen, und daß wir nicht nöthig haben, uns von einem Ausländer und seinen Anhängern die Harmonie lehren zu lassen. Die Gründe die uns die Natur an die Hand gibt, müssen alle mahl besser und gewisser seyn, als unnatürliche und erzwungene Ableitungen. Betrachtet meine nicht alle gleich runde Noten als Schalen, deren Bedeutung aber als den Kern. Künftig will mich, so ich länger lebe, mit meinen Notengriffel bessern, und mich bemühen schönere zu liefern. GOtt segne meine Freunde, und bekehre meine Feinde! Das sey das

E N D E.

Nachricht.

Denen Freunden der Orgelbaukunst gebe zur Nachricht, daß im Manuscript bey mir fertig liegt:

Die geheim gehaltene Kunst der Mensuration.

Die Herren Orgelbaumeister werden uns schwerlich was von dieser Materie schreiben, denn sie halten diese Kunst sehr geheim. Einem Organisten und Bauinspectoren aber ist daran gelegen solche zu verstehen. Ich bin bereit sie drucken zu lassen, wenn ich es nur ohne meinen Schaden thun kan. Ich will den Preiß von der Berechnung und Ausmeßung der Weite der Orgelpfeifen nicht höher als 8 Ggr. setzen. Bringe ich nur so viele Liebhaber zusammen, daß ich keinen Schaden zu besorgen habe, so will auch ohne zu hoffenden Profit dieses nützliche Werk mittheilen. Es werden also die Herrn Liebhaber aufs höflichste ersucht, sich in einem postfreyen Briefgen deswegen zu melden.

Sonsten sind noch bey mir gedruckt zu haben:

1.) Vorgemach der musikalischen Composition, oder ausführliche Anweisung zum Generalbaß in 3. Theilen, mit 98. Kupfertafeln, à 1. Thlr. 12. gr.
2.) Anweisung zur harmonikalischen Rechen- und Meßkunst mit einem Kupfer à 10. Gr.
3.) Gespräch von der Temperatur mit einem Kupfer à 4. Gr.
4.) Anweisung zur Temperatur und Stimmung der Orgel und des Claviers mit einem Kupfer à 4. Gr.
5.) VI. Sonatine per il Cembolo solo, opera prima. à 6. Gr.
6.) — — — Opera seconda à 6. Gr.
7.) IX. Choralvorspiele à 3. Gr.
8.) Cirkularie vors Clavier und Violin à 2. Gr.
9.) Meine Sachen aus den Hafnerischen und Schmidischen Verlag.
10.) Mit Fleiß gemessene Monochorde, eins á 1. Rthl.

Allerhand gute geschriebene Musicalia vor die Kirche und die Cammer um einen sehr billigen Preiß.

Eine ausführliche Beschreibung des Monochords liegt im Manuscript fertig, und suchet einen billigen Verleger.

Register

Register
der vornehmsten Sachen.

A.

Anticipatio. Cap. XX.
Anverwandtschaft der Harmonien. C. III.
Anweisung zur Ausweichung. C. XXIII. §. 17.
Ausweichungsklang. Cap. XXIII. §. 6. kan sich auf mancherley Art sehen lassen. Cap. XXIII. §. 7.

B.

Begrif, kurzer der Harmonie, C. XXII. §. 14
Beleuchtung der Lehre von dem Nonenaccord. C. III.
Besichtigung der Lehre von Undecimen- und Terzdecimenaccord. C. XIII. §. 1.
Bewegung, dreyerley. C. IV. §. 3.
Bindung, wo deren lösung. C. XI. §. 7.
Cirkelgang in Hauptaccorden. Cap. V. §. 6. mit Septimenaccorden und dessen Abstammlingen. Cap. XI. §. 11.

C.

Cirkelgänge, allerhand Arten. C. XXIII.

D.

Dissonanzen, die durch die Vermischung zweyerley Harmonie entstehen. C. XXII. §. 5

E.

Ellipsis, Cap. XX.
Eßig, saurer, harmonischer. C. VI. §. 9.

F.

Fortschreitung in der weichen Tonart, Cap. V. §. 4.

G.

Gesetz der Natur, Cap. XXIII. §. 19.
Gestalten der kleinen Septime, Cap. IX. §. 7.
Gestalten, unterschiedene, der Intervallen der Terzen und Quinten C. II. §. 1.
Grenzen der Tonarten, C. XXIII. sind sehr erweitert worden. C. XXIII. §. 18.
Grund, wahrer des so genannten Terzdecimenaccords C. XII. §. 17.
Grundharmonie, deren Verwandtschaft, C. III. §. 1. f.

H.

Hauptaccorde, harter und weicher, stecken beyde in tiefen Tönen C. I. §. 5. reiner, dur und moll, wie sie alle an einander hängen, C. V. §. 6. Exempel zu dessen und seiner Abstammlinge Übung. C. XXII.

J.

Intervallen, einige enharmonische, C. XXI.

K.

Klang, kein einfaches, sondern vermischtes Wesen, Cap. I. §. 1.
Klangstuffen der weichen Tonart. C. V. §. 3.

M.

Marpurg, nimmt das Rameauische System an. C. XII. §. 4.
Melodie, woher sie entspringe. C. IV.
Melodische Treppe, wo sie gefunden wird, Cap. I. §. 6.

N.

Natur des Klangs, C. I. und C. XIII.
Natur caracterisirt die kleine Septime, Cap. IX. §. 2.
Nebenhauptaccorde, C. VI. wem sie zu vergleichen, Cap. VI. §. 7.
None, freye, ungebundene C. X. kriechet nicht unter den Septimenaccord, sondern setzet sich über denselben. C. X. §. 1. falsche Lehre davon, ibid. der gebundenen None Ursprung. C. XII. §. 1. §. 27. kleine wie sie entstehet, C. XII. §. 16. übermäßige C. XII. §. 44. Nonenexempel zu deren Übung C. XXII §. 10. None, will nicht von der am obern Ende gebundenen Septime abstammen. C. XIII. §. 18. Nonensatz, der Grund der kleinesten Septime ıc. C. X. §. 4. hat 4. Abstammlinge. C. X. §. 7. dessen Sitz. C. XII. §. 17. kan sich auch auf den Kopf stellen. C. XIII. §. 5.
Noten, durchgehende und Wechselnoten. C. XVI.

Register.

O.
Octaven, falsche, Frage nach deren Ursprung. C. XII. §. 66. deren Gebrauch, ibid. und §. 67. 68.

Q.
Quartenaccord. C. VIII. dessen Ursprung. ib. dreyerley davon zu merken. C. VIII. §. 3.
Quarte, gebundene kömt durch Vermischung hervor. C. XII. §. 33. grössere, deren Ursprung. C. XII. §. 34. kleinere, C. XII. §. 38. mancherley Auflösungen derselben. C. II. §. 2.
Quinten, haben viererley Gestalten. C. II §. 2. ein= zwey= drey= vierfach. C. II §. 2.

R.
Rameau, dessen verkehrte Lehre von Unterbauen unter den Septimenaccord C. XII. §. 4. wird widerlegt, ibid.
Regel der Fortschreitung. C. IV. §. 2.
Retardation. Cap. XX.

S.
Secund, übermäßige, deren Ursprung. Cap. XII. §. 61.
Septime, freye, ungebundene, C. IX. Septimenaccord, dessen dreyfache Versetzung. C. IX. §. 5. durchgehende. C. XI. §. 13. gebundene, und ihre Abstammlinge. C. XI. am untern Ende gebundene C. XXII. §. 14. und woher sich entstehet. C. XII. §. 25. frey anschlagende, C. XXII. §. 12. Bindung bey solcher C. XXII. §. 13., über sich auflösende, C. XII. §. 57. besondere Auflösungen derselben, C. XXII. §. 4. wird nur um der Methode willen zum Ursprung der 4. und 9. gemacht. C. XII. §. 2. 3.
Septimen entstehen durch Vermischung C. XXI. §. 2. sind auf allen Klangstuffen anzutreffen. C. XI. §. 3. Die Lehre von deren Abstammlingen ist keine Grille C. XI. §. 11. deren mancherley Auflösungen C. XI. §. 12. biß 15.

Sextenaccord, dessen Ursprung, C. VII. drey Puncte sind von ihm zu wissen nöthig. C. VII. §. 5. Cirkelgang zu dessen Ubung. C. VII.
Sexten sind umgekehrte Terzen C. VII. §. 10. übermäßige. C. VII. §. 8. kleineste, deren Ursprung. C. VII. §. 9. gebundene, dißsonirende. C. XVII. §. 7.
Substitution, Critik darüber C. XV.

T.
Terzen, wie mancherley die Gestalt derselben. C. II. §. 3. 4.
Thier mit 7. Hörnern. C. XII. §. 65.
Ton, kleinester. C. XXI.
Tonart, weiche, deren Ursprung. C. I. §. 2. deren Quintharmonie hat die grosse Terz nöthig. C. V. §. 2. wie sie zu bezeichnen. C. V. §. 3. wird der harten an die Seite gesetzt. C. XXIII. §. 18.
Triton, was sich vor ein Unterschied dabey findet. C. IX. §. 8.

U.
Undecime oder Quarte entstehet durch Vermischung. C. XII. §. 19. vergrösserte, Frage darnach. C. XIV. §. 3. verminderte, Frage darnach. C. XIV. §. 4.
Unterschieben, ist unnatürlich. C. XII. §. 18.

V.
Vermischung der Harmonien C. XII. was durch solche hervorkommt. ibid.
Versetzung des Septimenaccords macht die Quint und Terz zu Dissonanzen. C. IX. §. 6.
Verwechselung der Harmonien. C. XVIII. der Auflösung. C. XIX.
Vormund, harmonischer bey der weichen Tonart. C. V. §. 2.

Z.
Zahl, die siebente gibt Gelegenheit zur Fortschreitung und Melodie. C. IX. §. 4.

Lobenstein, gedruckt bey Georg Friedrich Authenrieth. 1760.

Fig. 5 Tab. I.

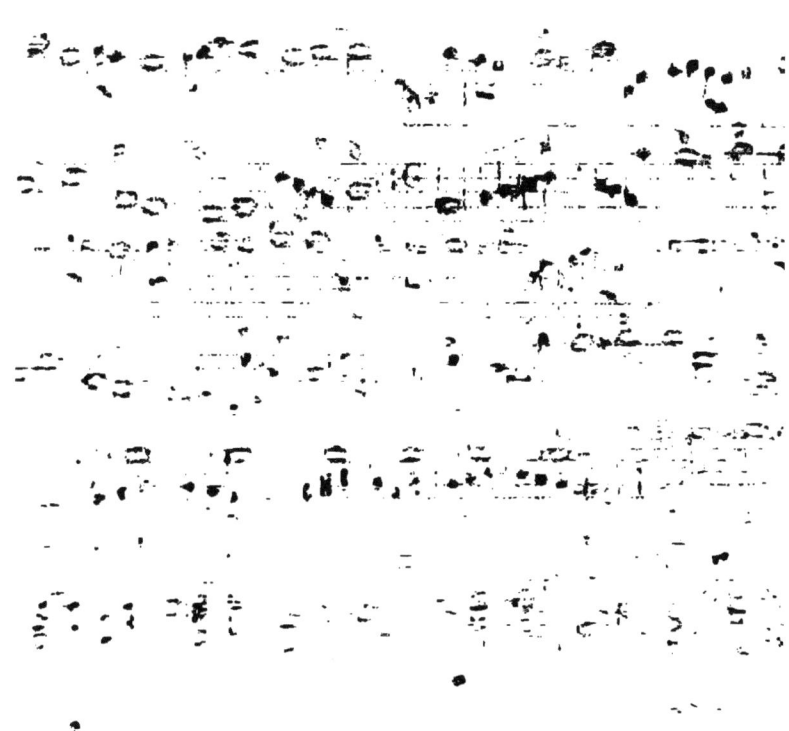

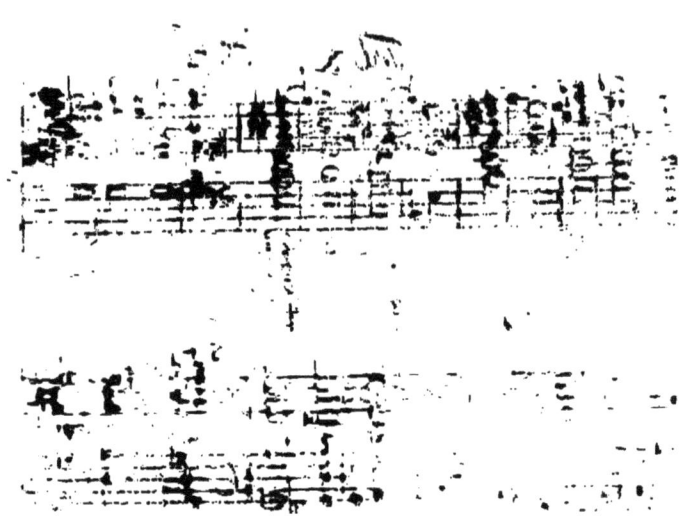

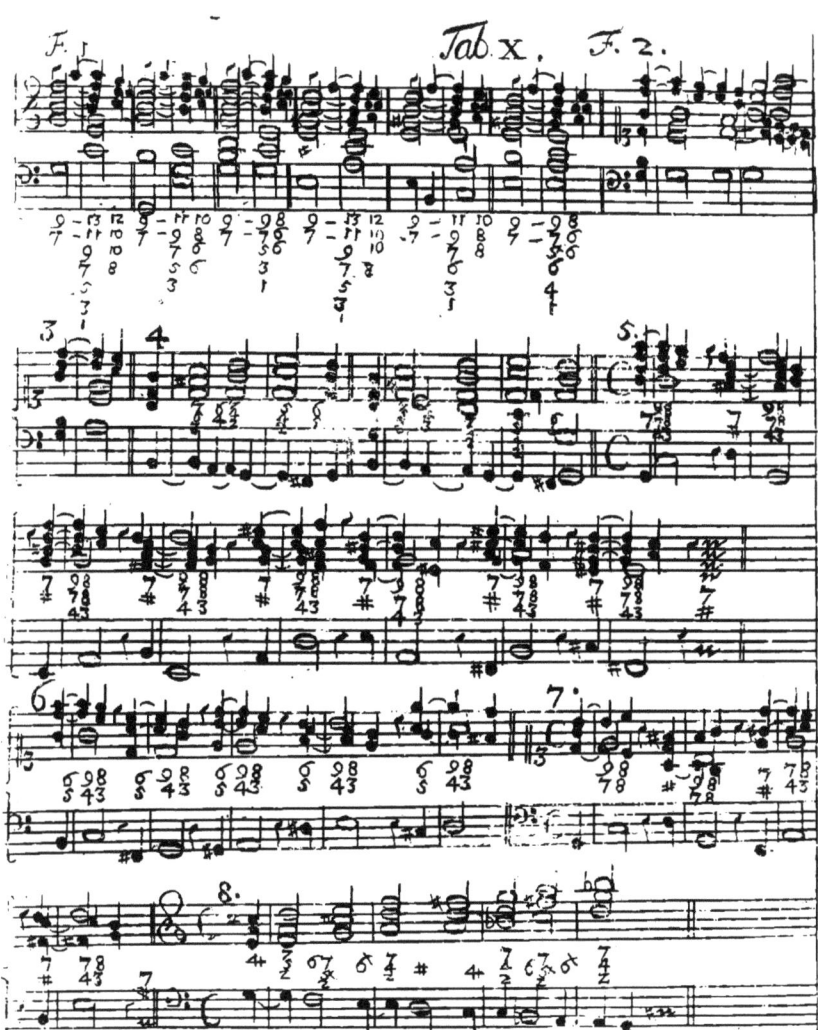

Tab. XXIII.

TAB. XXIV.

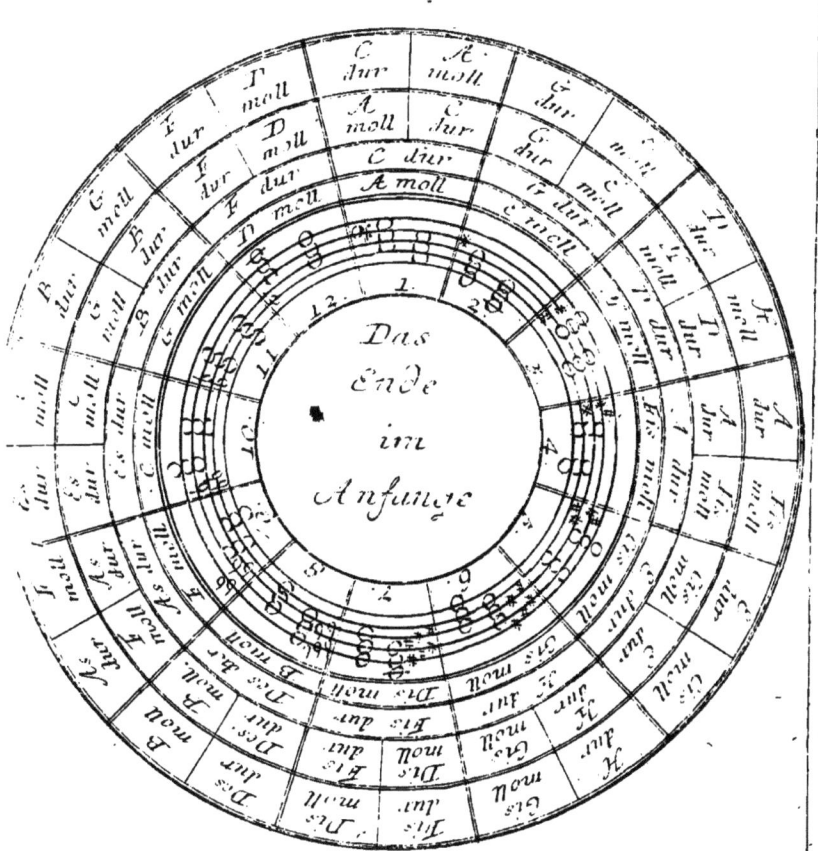